Nandine Meyden
Flirten mit Stil

Nandine Meyden

Flirten mit Stil

So finde ich einen niveauvollen Partner

So vermeide ich peinliche Situationen

Bibliografische Information der Deutschen Nationalbibliothek
Die Deutsche Nationalbibliothek verzeichnet diese Publikation in der Deutschen
Nationalbibliografie; detaillierte bibliografische Daten sind im Internet über
http://dnb.ddb.de abrufbar.

ISBN 978-3-86910-469-0

Dieses Buch gibt es auch als E-Book:
ISBN PDF 978-3-86910-811-7
ISBN EPUB 978-3-86910-937-4

Die Autorin: Nandine Meyden gehört zu den führenden Kommunikations- und
Stil-Experten. Sie gibt ihr Wissen in ihrer TV-Sendung „Vorsicht Fettnäpfchen!"
und zahlreichen Seminaren weiter. Für dieses Buch entlarvt Nandine Meyden die
wichtigsten Stolperfallen auf dem Weg zum Traumpartner und beschreibt, wie
man sie leicht und charmant überwindet.

Originalausgabe

© 2010 humboldt
Eine Marke der Schlüterschen Verlagsgesellschaft mbH & Co. KG,
Hans-Böckler-Allee 7, 30173 Hannover
www.schluetersche.de
www.humboldt.de

Der Test „Wie gut verstehen Sie die Sprache der Blicke?" stammt aus: „Vom ersten
Tag an anders. Das weibliche und das männliche Gehirn" von Simon Baron-Cohen.
© Patmos Verlag GmbH & Co. KG, Mannheim

Autor und Verlag haben dieses Buch sorgfältig geprüft. Für eventuelle Fehler kann
dennoch keine Gewähr übernommen werden. Alle Rechte vorbehalten. Das Werk
ist urheberrechtlich geschützt. Jede Verwertung außerhalb der gesetzlich geregel-
ten Fälle muss vom Verlag schriftlich genehmigt werden.

Lektorat:	no:vum, Susanne Noll, Leinfelden-Echterdingen
Covergestaltung:	DSP Zeitgeist GmbH, Ettlingen
Innengestaltung:	akuSatz Andrea Kunkel, Stuttgart
Illustrationen:	Werner Pollak, Hannover
Titelfoto:	Sunnydays / Fotolia
Satz:	PER Medien+Marketing GmbH, Braunschweig
Druck:	Grafisches Centrum Cuno GmbH & Co. KG, Calbe

Hergestellt in Deutschland.
Gedruckt auf Papier aus nachhaltiger Forstwirtschaft.

Inhalt

Einleitung	10
Aber bitte mit Stil!	15
Stilvoll oder plump flirten?	15
Der Stoff, aus dem Mythen werden	16
Auf die plumpe Tour	17
Das Gesetz der Anziehung	20
Der erste Eindruck zählt	23
Liebe auf den ersten Blick?	23
Wie funktioniert der erste Eindruck?	24
Persönlichkeitsurteile aus den ersten 90 Sekunden	34
Persönlichkeit mit Stil	36
Sind Sie ein angenehmer Gesprächspartner?	36
Nervosität macht sympathisch	39
Selbstsicherheit lässt sich üben	41
Tipps und Übungen	45
Anspannung gehört dazu	49
Schwächen sind liebenswert	50
Ansprechen und weitersprechen	52
Was eignet sich als erster Satz?	52
Offene Fragen oder Kommentare	55
Übungen	57
Herausfinden, ob der andere gebunden ist	58
Was-wäre-wenn-Fragen	61

Wie man spricht, so wirkt man 63
   Übungen 65
Schweigen 65
   Übung 67
Ehrlichkeit und Offenheit 68
Ein Gespräch beenden mit der Hoffnung
auf ein Wiedersehen 68
Missverständnisse 69

Körpersprache 70
Mit Blicken flirten 70
   Testen Sie sich: Wie gut verstehen Sie die Sprache
   der Blicke? 75
Plumpe und peinliche Signale vermeiden 89
Das Äußere ist wichtig 91
   Düfte dezent verwenden 93
Lächeln und Lachen einsetzen 94
   Die drei Arten des Lächelns 96
   Warum Lächeln so wichtig ist 98
   Übungen 98
Wie interpretieren Männer die Körpersprache
von Frauen? 99
   Körpersprache bewusst einsetzen 102
Wie verstehen Frauen die Körpersprache von Männern? 103
„Zufällige" Berührungen stilvoll inszenieren 106

Wo lerne ich Menschen mit Stil kennen? 108
Unterwegs 108
Beim Einkaufen 110
Bei kulturellen Veranstaltungen 112
Durch Bildung und Wissen 113

Beim Sport 115
Durch Engagement 116
Beim Tanzen 117
Beim Essen und Trinken 121
Auf Abenteuer-Spielplätzen für Erwachsene 122
An schönen und ungewöhnlichen Orten 123
Bei Single-Events und Single-Reisen 123
Beim Speeddating 125

Flirten und Daten im Job 127

Komplimente 132
Ein passendes Kompliment 133
Ein Kompliment machen 136
   Bauanleitung 1: Nur ein Wort 137
   Bauanleitung 2: Selbsterniedrigung 138
   Bauanleitung 3: Die Erhöhung des anderen 138
   Bauanleitung 4: Sich selbst erhöhen 138
   Bauanleitung 5: Rhetorische Frage 139
   Bauanleitung 6: Logische Verkettungen 139
   Bauanleitung 7: Der Vergleich 139
Können auch Frauen Männern ein Kompliment machen? 140
Auf ein Kompliment reagieren 141
   Übung 142

Flirten im Internet 143
Was gehört sich beim virtuellen Flirten? 145
Die Sprache in Chatrooms 149
   Asteriske und Abkürzungen 149
   Leetspeak/Leetspeek 152
   Emoticons 153

Umgang mit anderen Mitgliedern einer
Partnerbörse 155
Wie viel Stil braucht eine E-Mail? 156
    Per E-Mail auf eine Nachricht auf dem Anruf-
    beantworter antworten? 158
Ehrlichkeit in virtuellen Kontaktanzeigen? 159
Soziale Netzwerke wie Facebook nutzen? 162
Sollte man sein Date googeln? 163
Mit dem Internet-Flirtpartner telefonieren 164

Schwierige Situationen 166
Einen Korb geben 166
Einen Korb bekommen 170
Deutlich und freundlich Nein sagen 171
Unangenehme Dinge über sich sagen 173
Einen Flirt per SMS beenden 175

Das erste Date 176
Gesprächsthemen beim ersten Date 180
Ins Restaurant gehen 182
    Das richtige Restaurant auswählen 183
    Blumen mitbringen? 184
    Vor und nach dem Essen 185
    Zeitgemäße Kavaliersgesten 188
    „Damenkarten" 189
    Sich selbst nachschenken? 190
    Miteinander anstoßen? 191
    Mit Loriot'schen Szenen umgehen 192
    Steht ein Herr auf, wenn die Dame sich erhebt? . . . 193
    Lippenstift und Handtasche bei Tisch? 194
    Wer bezahlt? 195

Stilvoll bezahlen und Trinkgeld geben 197
Stilvoll reklamieren 198

Blumen und Geschenke beim Flirten 201
Bedeutungen von Blumen 202
Männern Blumen schenken? 206
Geeignete Geschenke für den Flirtpartner 207
Nach Geschenkwünschen fragen 208
Kein Geschenk erwünscht 208
Geschenke stilvoll annehmen 210

Zum Schluss 211
Mit Stil einen Flirt töten 211
Frosch bleibt Frosch? 212
Und was nun? 215

Danksagung 216

Literatur und Links 217
Bücher 217
Zeitungsartikel 219
Links 220
Weitere Bücher der Autorin 220

Register 221

Einleitung

Aussehen, Bildungsniveau und sozialer Status sowie Einkommen bestimmen unseren Marktwert bei der Partnerwahl. Und es ist ein Markt – das müssen wir uns eingestehen, ob es uns nun gefällt oder nicht.

„Ein Mann kann sich nur wie ein Herr benehmen, wenn eine Frau sich wie eine Dame benimmt", sagte die deutsche Etikette-Expertin Elisabeth Bonneau einmal. Dieser Satz enthält sehr viel Weisheit. Wie sich eine Lady im 21. Jahrhundert auf der Suche nach einem Partner verhält, wie sie sich im Großstadtdschungel oder durch die Labyrinthe des Internets bewegt, was für sie als selbstbewusste Frau wichtig ist, die sich dennoch gerne verwöhnen lässt, das sollen die nächsten Kapitel zeigen. Und natürlich auch, wie man im Spiel des Flirtens und Werbens einen wirklich kultivierten Mann mit Stil von einem Blender unterscheidet. Viele praktische Tipps für Menschen mit Stil beiderlei Geschlechts, die sich für den nächsten Flirt und die nächsten Rendezvous inspirieren lassen wollen, warten hier auf Sie.

Wer sich auf ein neues Gebiet begibt, der tut gut daran, ein paar Dinge zu lernen und viel zu beobachten – egal, ob man nun eine neue Sprache lernt oder anfängt, sich mit der Rosenzucht zu beschäftigen. Wenn Sie lange nicht mehr geflirtet haben oder nicht den gewünschten Erfolg damit hatten, dann ist es jetzt Zeit für neue Ideen, ein kleines Trainingsprogramm und Entdeckungsreisen.

Einleitung | | | 11

Denn wer aus der Übung gekommen ist, der weiß nicht mehr, was zu tun ist, wenn der Traummann oder die Traumfrau ganz unverhofft vor ihm steht. Wer bisher, oder zumindest in den letzten Jahren, wenig oder vielleicht gar nicht geflirtet hat, dem mangelt es an Rückmeldung von außen – besonders vom anderen Geschlecht. Da ist es nicht einfach, von sich selbst überzeugt zu sein. Doch wenn wir nicht von uns selbst überzeugt sind, wie sollen wir dann überhaupt – und auch noch in kurzer Zeit – einen Fremden davon überzeugen, dass es sich lohnt, uns kennenzulernen?

Es ist ein guter erster Schritt, dieses Buch zu lesen, sich inspirieren zu lassen und über ein paar Dinge nachzudenken: Dazu gehören ebenso eine etwas kritische Selbstbetrach-

Auch beim Flirten ist noch kein Meister vom Himmel gefallen – wer jedoch ein paar Tipps beachtet, erhöht die Chancen auf seinen Traumpartner.

tung, ein bisschen Arbeit an sich selbst, das Loslassen einiger vielleicht bequemer und lieb gewordener Einstellungen und Verhaltensweisen so wie das Ausprobieren und Einüben der vorgeschlagenen Tipps.

Um flirten zu können, braucht man vor allem Einfühlungsvermögen und Intuition. Das ist das Wichtigste. Schließlich geht es um die Frage: Was geht gerade im anderen vor? Was mag das bewirken, was ich gerade tue oder erzähle? Interesse, wirkliches Interesse und die Fähigkeit, sich in jemanden einzufühlen, sind die Voraussetzungen, um überhaupt einen Flirt zu beginnen. Deshalb scheitern auch nahezu alle Versuche, mit aus dem Internet heruntergeladenen Sprüchen zu punkten.

Das also sind die Fähigkeiten, die Sie brauchen – und dazu eine reife Persönlichkeit, eine gute Allgemeinbildung und hoffentlich auch eine Portion Humor. Das alles ist wichtig für einen Flirt auf hohem Niveau.

Lassen Sie uns also gemeinsam an folgenden Punkten arbeiten:
- Wie verbessere ich mein Selbstbewusstsein?
- Was unterscheidet einen stilvollen Flirt von einer Anmache?
- Wie entwickle ich meinen Stil weiter?
- Wie lerne ich Schritt für Schritt flirten?

Unter Flirten versteht man ganz unterschiedliche Dinge. Damit kann eine kurze, charmante, unverbindliche und ganz zweckfreie Begegnung von zwei, drei Sekunden gemeint sein oder auch eine Reihe von mehreren Treffen. An jede dieser Gelegenheiten ist in diesem Buch gedacht.

Ich werde Sie immer wieder ermuntern, einen Tipp auszuprobieren oder bestimmte Dinge zu üben. Ich setze dabei voraus, dass Sie Ihren Partner wertschätzen, ihm ein kleines Geschenk in Form des Flirts geben wollen und ihn nicht nur als mentales und psychisches Turnobjekt benutzen.

Das Leben ist – gerade was Flirten betrifft – voller verpasster Chancen, die oft unwiederbringlich dahin sind. Vorbei – verpasst. Das darf sich nach der Lektüre dieses Buches ändern!

||| Traditionelle Rollenverteilung genießen

Ein Flirt ist keine gute Gelegenheit, ein jahrtausendealtes Geschlechterverhältnis zu diskutieren oder aushebeln zu wollen. Sie brauchen als Frau weder ein dummes Weibchen zu spielen noch als Mann einen wilden Jäger. Treten Sie als Frau selbstbewusst auf, doch lassen Sie sich ein wenig umwerben. Denn damit signalisieren Sie noch lange nicht, dass Sie ihm später jeden Morgen gebügelte und gefaltete Socken bringen. Betrachtet man aktuelle Untersuchungen über das Rollenverständnis der deutschen Frauen, hat man den Eindruck, niemand brauche heute noch einen „Beschützer und Ernährer". Sieht man sich aber den spielerischen Umgang der Geschlechter beim Flirten an, so finden sich doch alle Elemente der traditionellen Rollenverteilung. Wer das sportlich sieht und es mit Humor angeht, wird viel Vergnügen haben.

Einleitung

Männer und Frauen sind nun einmal verschieden. Je mehr wir das akzeptieren und je mehr wir das andere Geschlecht mit den Augen eines Anthropologen oder Naturkundlers betrachten, desto leichter wird es. Wer Männer als eine liebenswerte Spezies wie etwa auch Tintenfische und Frauen als ebenso wunderbare Mitgeschöpfe wie beispielsweise Feldhasen sieht, kann besser mit der unterschiedlichen Art zu denken, zu lieben und eben auch zu flirten umgehen.

Aber bitte mit Stil!

Stilvoll oder plump flirten?

Was ist stilvoll und geradezu gewagt elegant und was einfach nur peinlich? Das hängt auch beim Flirten von kleinen Dingen ab – genauso wie etwa in der Innenraumausstattung. Jemand mit Geschmack wird, oft ohne es begründen zu können, zielsicher den richtigen Griff tun. Ein anderer fragt sich fassungslos, was denn die Freunde gegen das schöne Poster vom Sonnenuntergang einzuwenden haben. Über Geschmack lässt sich eben weder streiten noch richten. Doch was in der Wohnung als verzeihliche Sünde erscheint und vielleicht gerade erst liebenswert wirkt, kann beim Flirten nachteilig wirken. Schließlich geht es hier um noch persönlichere Bereiche als das Wohnzimmer. Und nicht nur das. Unsere Freunde verzeihen uns vielleicht so manche Stilsünde, weil sie wunderbar in unser Gesamtbild passt. Sind wir jedoch auf der Suche nach einem neuen Partner, so werden wir – natürlich – an dem gemessen, was wir ausstrahlen, welche Kleidung wir tragen, wie wir sprechen und was wir tun. Schließlich schätzen auch wir ja andere ständig ein und beurteilen sie: Jemand, der an der Bar das Bier aus der Flasche trinkt, kommt mir nicht ins Haus! Wer beim ersten ungeschickten Flirtversuch nach Jahren die falschen Worte wählt, muss schon Glück haben, dass seine Gesamtbotschaft richtig ankommt.

Bei einem stilvollen Flirt kommt es auf die kleinen Dinge an.

Die Frage, wie elegant oder dumm-derb ein Flirtversuch ist, lässt sich an seiner Direktheit ablesen. Kann eine Botschaft von Moment zu Moment, von Satz zu Satz gesteigert werden, ist sie raffiniert. Ist mit einem Satz, einer Bewegung aber eigentlich schon alles gesagt, wirkt es derb.

Eine zweite mögliche Frage lautet: Wie viele Wahlmöglichkeiten lasse ich dem anderen, ohne dass er sein Gesicht verliert? Wer so fragt, dass der andere nur noch Ja stammeln kann, weil er sonst sich oder den Fragenden blamiert, der hat den Sinn des Flirtens noch nicht verstanden: Es ist ein Spiel und lebt von Andeutungen.

So gehört die Frage: „Darf ich mich zu Ihnen setzen?" eher zu der Kategorie dumm-derb. Der Befragte muss quasi mit Ja antworten, selbst wenn er meine Gesellschaft gar nicht will oder bereits verabredet ist. Entgegnete er „Nein", klänge das grob. Eleganter wäre also: „Für wen ist denn der Platz hier neben Ihnen?" Hier bleibt dem Angesprochenen die Wahl zwischen „Für Sie, wenn Sie mögen" oder „Meine Freunde kommen gleich" oder „Meine Verabredung" oder auch „Ich weiß es nicht – ich halte ihn jedenfalls nicht besetzt".

Der Stoff, aus dem Mythen werden

Die erste Begegnung, der erste Satz: Bei Paaren, die seit vielen Jahren zusammen sind, ist das eine oft erzählte Geschichte. Wenn Sie also zögern, eine bestimmte Methode auszuprobieren, dann fragen Sie sich einfach, ob diese Sie als Menschen widerspiegelt, ob sie zu Ihrem vielleicht introvertierten Wesen passt. Und überlegen Sie dann: Möchten Sie Ihr Leben lang so gesehen werden?

Stil zu haben, bedeutet auch, etwas ganz Eigenes zu tun, etwas, das eben nur Sie so tragen, machen oder ausdrücken. Stil ist die Kunst, eine Eigenheit aufzuweisen, die eine ansonsten durchgängige Linie bricht. Sonst gleichen Sie allen anderen – und das ist das Gegenteil von Stil. Eine Art, zu flirten oder jemanden anzusprechen, etwa elegant mit einer Prise Frechheit, kann bei dem einen ganz wunderbar gelingen und unwiderstehlich anziehend wirken. Kupfert sie jedoch ein anderer direkt ab, kann im Nu eine billige Anmache daraus werden. Die „absolute Geheimwaffe" der besten Freundin klappt bei Ihnen vielleicht nie. Um Ihren Stil zu finden, um sicher und spielerisch und voller Eleganz zu flirten, müssen Sie sich erproben. Finden Sie heraus, welcher vielleicht wirklich gewagte Spruch bei Ihrem eleganten Auftritt, Ihrem charmanten Lächeln und Ihrer damenhaften Kleidung immer noch Niveau hat.

Auf die plumpe Tour

Das Internet ist voll von Tipps mit Erfolgsgarantie. Ich wollte herausfinden, welche Tipps der einschlägigen Internetforen nicht nur zu einem Flirt führen, sondern auf einen stilvollen Partner auch eine so große Wirkung haben, dass er den Flirt gerne vertiefen möchte. Deshalb habe ich im Jahr 2010 in Berlin ein Experiment mit zwei Studentinnen durchgeführt. Ich wollte wissen, welche Tipps heute als „billige Anmache" gelten und welche eine gute Basis zumindest für eine interessante Begegnung sind. Die beiden Frauen waren jeweils Mitte zwanzig. Eine war blond und blauäugig, quirlig, kurvenreich und sehr extrovertiert (nach außen gewandt); die andere war schlank, dunkel, ein wenig exotisch und introvertiert (nach innen gerichtet). Beide begleiteten mich über

Monate teils gemeinsam, teils allein. Ich nahm sie zu verschiedenen gehobenen Veranstaltungen beruflicher und privater Natur mit: zu Unternehmensfeiern, zu Weiterbildungen, in edle Bars, zu Lesungen und anderen kulturellen Veranstaltungen. Sie sollten auf diesem Parkett einige der Internettipps ausprobieren. Ich war gespannt, welche Reaktionen Gesprächseinstiege, die möglicherweise auf Volksfesten und in Diskotheken zum Erfolg führen, bei einem anderen Publikum auslösen.

Auf der Suche nach einem stilvollen Partner sollten Sie auf plumpe Flirtversuche verzichten – Sie erwecken sonst leicht einen falschen Eindruck.

Stilvoll oder plump flirten?

Getestet habe ich folgende Sätze, die nach einem Blickkontakt gesagt wurden:

- „Ich möchte dich gerne kennenlernen."
- „Ist das eine reine Männerrunde oder darf ich mich dazu gesellen?"
- „Warten Sie auf jemanden oder darf ich mich zu Ihnen setzen/gesellen?"

Die gute Nachricht: Fast jedes Mal ergab sich daraus ein kurzer Flirt. Die schlechte Nachricht: Fast jedes Mal, wenn ich dazukam, die Situation auflöste und den Mann um ein kurzes Interview bat, stellte sich Folgendes heraus:

- Die Männer waren ziemlich verlegen und meinten, so ein Flirtangebot könne man ja nicht ablehnen, das sei doch irgendwie grob. Wirkliches Interesse hatten sie aber eher nicht.
- Manche Männer dachten auch, die junge Frau sei eine Edel-Prostituierte.
- „Es wäre mir peinlich, ihr eine Abfuhr zu erteilen", wurde sehr oft gesagt.

Keiner empfand es als stilvollen Beginn für eine vielleicht sehr interessante Bekanntschaft.

- „Ich war irgendwie überfordert/überrumpelt/zu überrascht", waren ebenfalls häufige Kommentare der angesprochenen Männer.

Diese Einstiege funktionieren also, wenn Sie einfach nur ein wenig flirten möchten. Sind Sie allerdings wirklich auf der Suche nach einem geeigneten Partner für sich, sind sie keine so gute Idee.

Das Gesetz der Anziehung

Gleich und gleich gesellt sich gerne – Gegensätze ziehen sich an. An beiden Sprüchen ist etwas Wahres dran.

Sehr kultivierte und ruhige Bekannte von mir, die seit vielen Jahren verheiratet sind, haben sich auf einem AC/DC-Konzert kennengelernt. Normalerweise gehen beide nie zu Rockkonzerten, da sie Menschenmassen und laute Musik scheuen. Es wird wohl für immer ein Geheimnis bleiben, wie gerade sie sich unter Tausenden von Menschen begegnet sind.

In der Regel hat jemand, der sich gerne mit schönen Dingen umgibt, sich mit Antiquitäten oder seltenen Buchausgaben beschäftigt, auf Auktionen geht und vielleicht selbst Sammler ist, einen anderen Freundeskreis als jemand, der seit Jahren eine umgedrehte Bananenkiste als Wohnzimmertisch nutzt und am liebsten Doku-Soaps schaut.

Und vielleicht haben Sie auch schon erlebt, dass Ihnen an Tagen, an denen Sie schlechte Laune hatten, fast nur unangenehme Dinge widerfahren: Abgesehen davon, dass Sie sich selbst nicht leiden können, hat die Straßenbahn Verspätung oder alle Ampeln verschwören sich gegen Sie. Sie finden keinen Parkplatz oder Ihnen fliegt ein Steinchen an die Scheibe. Sie bekleckern sich in der Pause mit Kaffee, Ihr Chef meckert Sie an, Sie müssen mit drei schwierigen Kunden telefonieren; Ihre beste Freundin lässt Sie in der Pizzeria warten, die Pizza ist angebrannt und Ihr Lieblingskellner findet heute auch kein nettes Wort für Sie.

Ob mit schlechter oder guter Laune: Wir ziehen das an, was wir ausstrahlen. Wenn Sie sich also für Kultur interessieren, Sie auch für sich allein den Tisch hübsch decken, Sie sich pflegen, auch wenn Sie sonntags auf dem Sofa liegen und lesen – dann umgibt Sie ein Flair von Geschmack, Stil, Niveau und Eleganz, das gleich gesinnte Menschen anzieht.

Wir ziehen das an, was wir ausstrahlen!

Wer sich all das für die Zeit zu zweit aufspart, wird wohl lange darauf warten müssen. Wer sich selbst nicht gut behandelt, strahlt nichts Gutes aus. Wer nicht tagtäglich – auch mit wenig Geld – Wert auf Alltagskultur legt, strahlt zu wenig Niveau aus, um es bei einem anderen zu finden.

Nutzen Sie also jetzt die Zeit als Single und suchen Sie all die Orte und Dinge auf, die Sie vermissen. Erschließen Sie sich neue Hobbys mit Stil oder probieren Sie diese einmal aus. Tun Sie sich selbst damit etwas Gutes, füllen Sie Ihre Zeit, entwickeln Sie sich weiter, erschließen Sie sich neue Menschengruppen und spinnen Sie neue Netzwerke. Sie werden sich damit zumindest amüsieren, etwas lernen und automatisch Ihre Laune und Ihre Ausstrahlung verbessern. Und vielleicht lernen Sie bei Ihren Entdeckungstouren auch einen interessanten Partner kennen.

Das wird sicher nicht so schnell funktionieren, wie Sie sich das vielleicht wünschen. Wer jedoch durch neue Interessensgebiete sein soziales Umfeld mit interessanten Menschen bereichert, wird wie in einem Schneeballsystem immer mehr neue Menschen treffen, die ähnlich gestrickt sind wie er selbst. Und wer weiß: Vielleicht ist auch eine neue Liebe dabei!

||| Zum Nachdenken:

Auf der Suche nach einem stil- und niveauvollen Partner werden Sie bereits festgestellt haben, dass diese Exemplare überaus rar sind. Noch seltener als Singles. Deshalb sollten Sie sich einige Fragen stellen:

- Welche Partnerbörse oder Partnervermittlung wähle ich? Welches Image hat sie? Welche Menschen sind dort vertreten? Passt das zu mir?
- In welcher Zeitung inseriere ich? Welche Leserschaft hat sie? Finde ich mich da wieder?
- Was trifft meinen Stil am ehesten? Wie kleide und präsentiere ich mich in der Öffentlichkeit? Stimmt das mit meiner Selbstwahrnehmung überein?
- Welche Menschen treffe ich eigentlich an meinen Alltagsorten wie in Verkehrsmitteln, beim Friseur, beim Optiker oder in anderen Geschäften? Sind das Menschen, die ich gerne treffe?
- Stammt meine Wohnungseinrichtung komplett aus dem Möbelhaus oder erzählt sie eine Geschichte?
- Habe ich meine Kleidung an praktische Erwägungen angepasst und nehme ich jeden Morgen das, was oben liegt, oder gibt es etwas, das typisch für mich ist?
- Wenn jemand meine Art zu sprechen und zu erzählen beschreiben müsste, welche Worte würde er wohl dafür verwenden?

Der erste Eindruck zählt

Der amerikanische Flirtguru David deAngelo sagt: „Attraction is not a choice", Anziehung ist nicht unsere Entscheidung. Wir haben keine wirkliche Wahl, ob wir uns zu jemandem hingezogen fühlen. Wir „entscheiden" innerhalb von wenigen Sekunden ganz instinktiv, ob wir eine Person attraktiv oder sympathisch finden, ihr vertrauen oder nicht. Das hat sich im Laufe der Evolution sowohl für Männer als auch für Frauen so entwickelt. Einige Studien weisen darauf hin, dass der Testosteronspiegel eines Mannes nach nur fünf Minuten Gespräch mit einer gut aussehenden Frau bereits um etwa 30 Prozent steigt: Hirn aus, Hormone an.

Liebe auf den ersten Blick?

Knapp 60 Prozent der Deutschen glauben an Liebe auf den ersten Blick. Das ergab eine Emnid-Umfrage aus dem Jahr 2009. Mehr als die Hälfte hat dies auch schon einmal erlebt. Doch auch anders ist es möglich. Laut einer Erhebung von ElitePartner hat sich rund ein Drittel der 10 000 Befragten schon einmal in jemanden verliebt, der zuerst als gar nicht so attraktiv empfunden wurde. Das ist ein tröstlicher Gedanke. Denn selbst wenn unser erster Satz danebenging, unser Haar störrisch war und wir uns gerade bekleckert hatten: Wenn es sein soll, dann wird sich etwas entwickeln. Es wird nur etwas länger dauern und möglicherweise etwas schwieriger werden. Immer vorausgesetzt, wir haben die Chance, einen zweiten oder dritten Eindruck zu hinterlassen.

Wie funktioniert der erste Eindruck?

Was geschieht beim ersten Eindruck und was spielt eine Rolle, wenn es um die Anziehungskraft des anderen Geschlechts geht?

Generell gilt: So sehr wir uns auch dagegen sperren, wir bewerten einen Menschen nicht erst dann, wenn wir ihn näher kennengelernt und seine Persönlichkeit, seine Stärken und Schwächen erlebt haben. Auch der zweite oder dritte Eindruck erfolgt immer in den ersten Sekunden. Fällt uns jemand positiv auf, entschuldigen wir beim Flirten Fehler oder Pannen wie beispielsweise ein Zuspätkommen eher und sagen: „Das kann ja mal vorkommen …" War jedoch der erste Eindruck nicht gut, denken wir leichter: „Das habe ich mir doch gleich gedacht …" oder: „Hätte ich nur auf mein Gefühl gehört." Die Wissenschaft nennt das den Primacy-Effekt: Was zuerst – auch unbewusst – empfunden wurde, beherrscht noch lange alle anderen Gedanken und Empfindungen.

Der Grund dafür ist recht einfach: Persönlichkeitseigenschaften sind nun einmal nicht direkt beobachtbar. Und wir Menschen mussten immer schon recht schnell entscheiden, wen wir da vor uns haben: Freund oder Feind, stärker oder schwächer. Vor Tausenden von Jahren mussten wir innerhalb von Sekunden urteilen und entsprechend reagieren: weglaufen, verstecken, angreifen oder freudig begrüßen. Dauerte der Entscheidungsprozess zu lange, konnte es schon zu spät sein – das hatte dann der andere schon für uns erledigt. Dieses evolutionäre Erbe begleitet uns heute noch, auch

Wie funktioniert der erste Eindruck? | 25

Der erste Augenblick zählt: Die Entscheidung, ob wir jemanden sympathisch finden oder nicht, treffen wir schnell!

wenn es im 21. Jahrhundert nicht immer zu den richtigen Schlussfolgerungen kommt. Aber es erklärt sehr gut, warum unser Bauchgefühl bei ersten Eindrücken eine so entscheidende und der Inhalt des Gesagten nur eine untergeordnete Rolle spielt.

Unser Urteil muss sich auf Merkmale stützen, die wir direkt wahrnehmen. Von diesen schließen wir dann auf grundlegendes Verhalten. Ohne es zu bemerken, beobachten und registrieren wir nicht nur Dinge und Menschen, sondern wir verleihen ihnen unbewusst Sinn, Zusammenhang und Beständigkeit. Obwohl wir das vielleicht gar nicht wollen, öffnen wir bei uns automatisch und unwillkürlich bestimmte Schubladen, in die wir die Merkmale, die wir gerade wahrnehmen, einsortieren.

„Die soziale Wahrnehmung ist allgegenwärtig und immer aktiv, es gibt kein Entrinnen. Oft ist sie bei Entscheidungen das Zünglein an der Waage, obwohl wir uns dessen gar nicht bewusst sind. Sie bestimmt, in wen wir uns verlieben oder von wem wir uns eine Versicherung andrehen lassen", schreibt Marion Sonnenmoser dazu sehr treffend in „Freund oder Feind?".

Beim ersten Eindruck zählt nicht nur die äußere Erscheinung, sondern auch die Art, wie Sie sprechen!

Wie funktioniert der erste Eindruck? 27

||| Wichtig für den ersten Eindruck

Beim ersten Eindruck spielen folgende Dinge eine Rolle:

- Nonverbale, also nicht durch Sprache vermittelte Faktoren:
  - Kleidung: Stil, Zustand, Farben, Qualität, Passform
  - Körper: Größe, Statur, Figur, Muskeltonus
  - Frisur: Gepflegtheit, Stil, gefärbt oder grau
  - Make-up, Bart, Rasur, Brille
  - Accessoires, Schmuck
  - Mimik, Gestik, Haltung, Gang
  - Blick und Blickkontakt
  - Händedruck
- Paraverbale, also mit der Sprache vermittelte Faktoren:
  - Stimme: Höhe, Tempo, Lautstärke
  - Satzmelodie
  - Dialekt, Akzent
  - Deutlichkeit
  - Sprechpausen
  - Verlegenheitsgeräusche wie „äh"
- Verbale, also gesprochene Faktoren
  - Wortwahl
  - Art des Grußes
  - Selbstvorstellung
  - Erster Satz

Die paraverbalen Faktoren sind im Allgemeinen nur zu 38 Prozent von Bedeutung, auch wenn es hier nach neuesten wissenschaftlichen Erkenntnissen scheinbar Unterschiede bei den Geschlechtern gibt. Wenn Frauen Männer beurteilen, spielt die Stimme eine größere Rolle für die Attraktivität als umgekehrt.

Der erste Eindruck zählt

Am meisten macht das Aussehen mit 55 Prozent beim ersten Eindruck aus, also mehr als die Hälfte. Da hilft es nicht, sich selbst einzureden, das Aussehen sei nicht so wichtig. Es mag zwar sein, dass es für Sie aufgrund Ihrer persönlichen Werte unwichtig ist, ob Ihr Partner eher ein George-Clooney-Typ ist oder deutscher Durchschnitt. Ihr Unbewusstes reagiert dennoch auf bestimmte Signale – ob Sie wollen oder nicht.

Und dieser Prozess vollzieht sich rasend schnell. Nach neuesten Veröffentlichungen braucht ein Mensch nur 150 Millisekunden, um festzustellen, ob der andere schön ist oder nicht. Bedenkt man, dass das Auge pro Sekunde 10 Millionen Bit Informationseinheiten ans Gehirn weiterleitet, unser Bewusstsein jedoch nur 10 bis 20 Bit pro Sekunde verarbeiten kann, zeigt sich, wie sehr dieser Prozess im Unterbewusstsein stattfindet. Bereits nach 250 Millisekunden fällt die unbewusste Entscheidung, ob wir den anderen sympathisch finden oder nicht. Es dauert dann lediglich sieben Sekunden, bis der erste Eindruck komplett ist.

Psychologen sagen, dass es im Wesentlichen drei „Brillen" sind, durch die wir andere Menschen betrachten:
1. Ist der andere dumm oder intelligent?
   - Stimmt das Gesagte inhaltlich?
   - Klingt es vernünftig?
   - Weiß der andere, was er redet? Versteht er etwas davon?
2. Ist der andere lahm oder kraftvoll?
   - Ist der andere dynamisch oder fehlt ihm jegliche Energie?
   - Hat der andere seine Angelegenheiten im Griff und sein Leben unter Kontrolle?
   - Kann der andere sich durchsetzen?

3. Mag ich den anderen leiden oder nicht?
   – Ist er freundlich oder herablassend?
   – Behandelt er mich nett oder unhöflich?
   – Kann ich mich auf seine Ehrlichkeit verlassen oder legt er mich herein?

Dabei spielt alles eine Rolle: So wird der Art, wie Sie zu Ihrem Champagnerglas greifen oder wie Sie einen Raum betreten, der Tatsache, dass ein Knopf an Ihrem Mantel lose ist, und der Auswahl Ihrer Krawatte oder Ihres Lippenstifts Bedeutung zugeschrieben.

Interessanterweise sind das hauptsächlich irrationale, also nicht begründbare Faktoren. Man weiß, dass Menschen mit Brille meist als intelligenter und kompetenter eingestuft werden, aber auch als weniger attraktiv. Das zeigt deutlich, wie irrig diese Eindrücke und Meinungen sind. Schließlich hat Fehlsichtigkeit nichts mit Intelligenz zu tun. Offenbar entsteht unbewusst der Eindruck, der andere habe wohl immer viel gelesen und sich so die Augen verdorben. Dieser unbewusste Eindruck berücksichtigt natürlich nicht, dass der eine Brille aus Fensterglas trägt und der andere Kontaktlinsen. Bei Tests, bei denen eingeschätzt werden soll, wie intelligent und kompetent jemand ist, werden überwiegend die Bilder von Brillenträgern ausgewählt; soll aber die Frage „gutes Aussehen" oder „Wen möchten Sie gerne kennenlernen?" entschieden werden, verhält es sich genau umgekehrt.

Auch die Kleidung ist ein ganz wichtiger Faktor bei der ersten Begegnung. Schließlich sind bei uns sogar im Sommer – zumindest bei der ersten Verabredung – 60 bis 90 Prozent des Körpers mit Kleidung bedeckt. Und Kleidung verrät viel über die Zugehörigkeit zu einer gesellschaftlichen Gruppe. Man muss dabei nicht immer sofort den „Punker" oder „Hippie" erkennen. Doch die einzelnen Kleidungsstücke und ihre Zusammenstellung geben viel über Vorlieben und Geschmack des Trägers preis und sagen auch etwas über das

Die Kleidung prägt den ersten Eindruck und verrät viel über uns.

Einkommen aus – selbst wenn man sich hier auch ziemlich täuschen kann. Wer den Großteil seiner Kleidung in günstigen Warenhäusern kauft, hat im Allgemeinen ein deutlich geringeres Einkommen als jemand, der Edelmarken trägt. Kleidung verrät also etwas über die Persönlichkeit: Wie sehr inszeniert sich jemand selbst? Wie auffällig oder unauffällig ist der ganze Look? Ist alles zwar an sich schön, aber doch anscheinend wahllos zusammengestellt? Oder harmoniert das Ganze? Wie detailfreudig sieht es aus? Wie sichtbar trägt jemand Statussymbole?

Bei einem Versuch zeigte man Frauen Bilder von Männern und bat sie, deren Attraktivität zu beurteilen. Bei der Fülle der Bilder merkten die Versuchspersonen nicht, dass ihnen

Wir empfangen nicht ein Bild, sondern wir machen uns ein Bild.

ein und dieselbe Person mehrfach, nur in anderer Kleidung, begegnete. Sie können sich sicher denken, wie der Versuch ausging, als man die betreffenden Männer einmal in der Uniform eines Fast-Food-Restaurants und einmal in normalem Anzug mit Krawatte zeigte. Wie gesagt, die Frage war nicht: „Wen würden Sie lieber treffen?", sondern: „Wen finden Sie attraktiver?"

Wie funktioniert der erste Eindruck? | 31

Will man wissen, worauf Menschen beim ersten Eindruck bewusst achten, so antworten rund drei Viertel der Befragten: auf die Augen. Weit abgeschlagen folgen Mund, Haare, Hände, Nase und Schuhe. Frauen scheinen generell mehr auf die Hände zu achten; sie spiegeln ihrer Ansicht nach, wie gepflegt und wie sensibel ein Mann ist. Doch auch Männer achten auf Frauenhände.

Werden Männer in Umfragen oder ganz privat gefragt, was ihnen am Aussehen einer Frau wichtig sei, betonen sie die Natürlichkeit. Das steht allerdings im starken Widerspruch

Blickfang: Fast 75 Prozent achten beim anderen Geschlecht als Erstes auf die Augen.

zum Barbiepuppen-Look der Frauen in Männerzeitschriften. Doch nicht nur um des anderen willen lohnt sich ein wenig Mühe, einen guten ersten Eindruck zu machen. In einer Testreihe fand man heraus, dass sich ungeschminkte Frauen vor dem Spiegel 0,9-mal zulächeln. Haben sie sich selbst geschminkt, lächeln sie gleich fünfmal, wurden sie von einem Profi zurechtgemacht, kommen sie sogar auf achtmal. Wir fühlen uns gestylt einfach besser und strahlen das auch aus.

Der Blick fällt also, bei aller Bedeutung der Kleidung, zunächst auf das Gesicht. Männer werden meist als attraktiv befunden, wenn Sie etwa ein markantes Kinn aufweisen. Frauen sammeln Pluspunkte durch volle Lippen und große Augen. Bei beiden Geschlechtern werden ganz bestimmte Verhältnisse der Abstände zwischen Ohren, Augen und Nase sowie möglichst viel, aber keine völlige Symmetrie (Gleichmaß) und reine Haut als gut aussehend angesehen. Natürlich hängt unsere Vorstellung von Schönheit auch von Zeitgeist und Kultur ab. Dennoch scheint es bestimmte Elemente zu geben, etwa besonders gleichmäßige Gesichter und bei Frauen das sogenannte Kindchenschema, die immer gut ankommen.

Frauen sehen zuerst vor allem ins Gesicht.

Was Frauen an Männern gar nicht mögen, sind Bärte. Auch wenn in den letzten Jahren immer wieder behauptet wurde, Bärte seien wieder in Mode, sich einige Prominente wieder mit Gesichtshaar präsentieren und 37 Prozent der Männer dauerhaft einen Dreitagebart haben: Eine Umfrage von „Men's Health" aus dem Jahr 2008 zeigt klar, dass Bärte bei Frauen nicht gut ankommen. 40 Prozent der Frauen finden, ein Bart störe beim Küssen; 15 Prozent lehnen Bärte generell ab, da sie ungepflegt wirken.

||| Nicht vergessen:

Ehrlich oder sympathisch zu sein heißt nicht unbedingt, dass man auch so wirkt. Wie wir wirken, ist oft nicht so, wie wir wirklich sind. Der Umkehrschluss gilt genauso: Offen zu wirken bedeutet noch lange nicht, auch offen zu sein. Hochstapler oder Heiratsschwindler wissen, wie man mit solchen Verhaltensweisen spielt.

Doch nach sieben Sekunden ist der Prozess des ersten Eindrucks noch nicht abgeschlossen. Jetzt suchen wir nach der Bestätigung unserer spotanen Einschätzung. Interessanterweise blendet unsere Wahrnehmung in den folgenden eineinhalb Minuten scheinbar fast alles aus, was nicht zu unserem ersten Eindruck passt. Haben wir also einen guten Eindruck, erschien uns jemand sympathisch und aufgeschlossen, intelligent und gebildet, schläft unser Alarmsystem bedauerlicherweise ein wenig ein, das bei den nächsten Sätzen laut schreien müsste: „Ein Hochstapler! Er hat seine Sätze aus dem Internet heruntergeladen und auswendig gelernt! Das probiert er bei jeder Frau!"

Unsere Wahrnehmung ist also ein wenig eingeschränkt, da sie nach Bestätigung sucht. Dennoch werden auch neue Faktoren in das Bild des Menschen, den wir vor uns haben, eingefügt.

Persönlichkeitsurteile aus den ersten 90 Sekunden

- Extrovertiert – introvertiert
- Kultiviert – grob
- Gesellig – einzelgängerisch
- Risikobereit – vorsichtig
- Sozial verträglich – sozial unverträglich
- Genau – ungenau
- Gesprächig – schweigsam
- Gewissenhaft – nachlässig
- Offen – verschlossen
- Ruhig – unruhig

Als Anzeichen für Extrovertiertheit gelten zum Beispiel:
- freundlicher Gesichtsausdruck,
- häufiges Lächeln,
- geschmeidiges Gehen,
- Blickkontakt zum Gesprächspartner.

Anzeichen für höheres Bildungsniveau können unter anderem sein:
- freundlicher Gesichtsausdruck,
- angenehme Stimme,
- bestimmte Betonungen und Sprachmelodie,
- attraktives Äußeres,
- kultivierte Gesamterscheinung.

Nicht nur bei sich, sondern auch bei anderen bewusster auf Details zu achten, zu überprüfen, wie man auf andere wirkt und welche Rückschlüsse man selbst aufgrund einer kurzen Begegnung zieht, erhöht die Menschenkenntnis.

Wie funktioniert der erste Eindruck?

||| Zum Nachdenken:

- Was strahlen Sie bei einer ersten Begegnung eigentlich aus?
- Wie stimmig ist Ihr gesamter Auftritt?
- Fühlen Sie sich attraktiv und sicher, so wie Sie aussehen und sich kleiden? Oder folgen Sie den Empfehlungen von gutmeinenden Freundinnen, was man heute so trägt, obwohl Sie sich damit nicht wohlfühlen?
- Haben Sie schon öfter das Feedback bekommen: „Als ich dich das erste Mal sah, hatte ich dich ganz anders eingeschätzt"?
- Wie kritisch hinterfragen Sie einen ersten Eindruck, den Sie von einer wildfremden Person hatten? Was glauben Sie alles blind?

Persönlichkeit mit Stil

Manche Menschen treffen in fast allen Lebensbereichen den richtigen Ton, sind takt- und stilvoll und absolut souverän. Doch wenn es ums Flirten geht, dann scheint ihnen ein Teil ihrer Persönlichkeit einen Streich zu spielen. Dann geht nichts mehr. Doch ein wenig Nervosität darf ruhig sein – je mehr wir das akzeptieren, desto leichter fällt es uns, einfach wir selbst zu sein. Nutzen Sie die Tests, Fragen und Tipps dieses Kapitels, um zu überprüfen, wie Sie auf andere wirken.

Sind Sie ein angenehmer Gesprächspartner?

Prüfen Sie doch einmal, wie gut es um Ihre kommunikativen Fähigkeiten generell bestellt ist. Natürlich sprechen die langjährigen Freunde und die Familie gerne mit Ihnen – Sie hatten auch Zeit, sich an bestimmte Eigenheiten zu gewöhnen. Von anderen Menschen bekommen wir selten ein Feedback, wie angenehm oder unangenehm ein Gespräch mit uns ist.

Wenn Sie von sich selbst glauben, oft mehr als andere zu reden, mehr von sich preiszugeben als andere, dabei recht spontan zu sein und gerne ausführlich Lieblingsthemen zu behandeln, sollten Sie damit rechnen, von einem Flirtpartner sehr schnell als selbstbezogen, vielleicht auch desinteressiert und möglicherweise ein wenig schwierig eingeschätzt zu werden. Anregend für den anderen ist das kaum. Wer dazu neigt, Problemthemen zu behandeln, gilt schnell als negativ; wer nur zuhört, als langweilig.

Sind Sie ein angenehmer Gesprächspartner?

Selbsttest: Können Sie sich gut mit anderen unterhalten?

Wie oft …	immer	oft	manch-mal	selten	nie
lassen Sie in ein Gespräch auch persönliche Informationen einfließen?					
zeigen Sie Interesse an Themen, die Ihnen bisher ganz unbekannt waren?					
suchen Sie in Gesprächen gezielt nach Gemeinsamkeiten?					
streifen Sie eine Reihe von ganz unterschiedlichen Themen?					
sagen Sie genau das, was Ihnen ganz spontan in den Sinn kommt?					
hören Sie zu, beteiligen sich aber nicht oder wenig am Gespräch?					
reden Sie ausführlich über Ihre Lieblingsthemen?					
bringen Sie Problemthemen ein?					
erzählen Sie mehr von sich als der andere?					
reden Sie deutlich mehr als der andere?					
berichten Sie etwas mit allen Details?					

Persönlichkeit mit Stil

Wenn Sie jedoch verschiedene Themen streifen, sich auch für sehr fremdartige Hobbys oder Berufe interessieren und etwas von sich erzählen, dabei aber die Gesprächsanteile ausgewogen halten, ernten Sie zumindest Sympathiepunkte und ebnen den Weg für weitere Gespräche. Das ist eine gute Voraussetzung dafür, dass man gerne mit Ihnen spricht, Sie sich schnell neue Bekanntenkreise erschließen und bei einem Flirt rasch als sympathisch eingestuft werden.

Zu einer guten Unterhaltung gehört aber nicht nur die Fähigkeit, etwas Interessantes zu erzählen und sich im Gespräch schnell einer Gemeinsamkeit zu widmen. Mindestens genauso wichtig ist es, den anderen wirklich wahrzunehmen und ein guter Zuhörer zu sein.

Selbsttest: Können Sie gut zuhören?

Wie oft ...	immer	oft	manch-mal	selten	nie
unterbrechen Sie andere im Gespräch?					
stellen Sie Aussagen von anderen in Frage?					
erteilen Sie Ratschläge oder geben Tipps?					
kritisieren Sie etwas, das jemand gerade gesagt hat?					
interpretieren Sie die Inhalte eines anderen dahin gehend, was das über ihn aussagt, und schließen auf sein Sternzeichen oder seine Psyche?					

Auch wenn Sie bei den fünf Punkten nur „manchmal" angekreuzt haben – hier sollten Sie sich wirklich selbst ein wenig an die Nase fassen. Bestenfalls wirken Sie so zwar sehr lebhaft und temperamentvoll, vielleicht auch engagiert oder auch sehr selbstsicher. Vermutlich wird man Sie jedoch eher für schwierig, unsensibel, vielleicht sogar anmaßend halten.

Nervosität macht sympathisch

Das Glück deines Lebens hängt von der Beschaffenheit deiner Gedanken ab. (Marc Aurel)

Nervosität darf durchaus sein. Sie müssen schließlich nichts beweisen und halten keinen Vortrag vor 300 kritischen Kunden und 50 missgünstigen Kollegen. Nervosität wirkt ehrlich – sie ist ja letztlich eine unwillkürliche Körperreaktion. Ehrlichkeit wirkt sympathisch und vertrauenerweckend. Gerade bei sonst sehr starken Persönlichkeiten und Menschen mit sehr starker Präsenz können Zeichen von Nervosität das Gegenüber entlasten. Das läuft sonst eher Gefahr, vom Gesprächspartner eingeschüchtert zu sein. Vergessen Sie nicht, dass Ihre Nervosität ein unausgesprochenes Kompliment für Ihren Flirtpartner ist. Schließlich wären Sie nicht nervös, wenn er Ihnen nichts bedeuten würde.

Wenn es lange her ist, dass Sie geflirtet haben, dann ist es verständlich, dass Sie nervös sind. Bei fast allen Dingen, die wir sehr selten tun, macht sich ein wenig Anspannung bemerkbar. Dazu stehen wir beim Flirten noch unter Beobachtung: Mindestens das Objekt unseres Interesses, unter Umständen aber noch ein ganzer Saal voller Menschen beobachtet unser Tun. Aber auch hier macht Übung den Meister. Wenn Sie mit dem Flirten warten, bis Sie die Person treffen, mit der Sie die nächsten 50 Jahre verbringen möchten, werden Sie natürlich entsetzlich nervös sein. Betrachten Sie Flirten deshalb als ein Spiel, als eine Form der Kommunikation, die gar kein festes Ziel hat, sondern einfach nur

Bleiben Sie locker: Betrachten Sie einen Flirt ruhig als Spiel, das Spaß machen soll!

Spaß macht. Umso leichter können Sie es angehen. Das erste Mal ist meist am schwersten. Fühlen Sie sich nach einer langen Pause ein wenig „eingerostet", beginnen Sie einfach mit kleinen Dingen, die Sie wieder in Schwung bringen:

- mit einem Augenzwinkern zu dem netten Kellner,
- mit einem Kompliment für einen guten Dienstleister,
- mit einem heiteren Kommentar zu einem Verkäufer.

Wenn Sie jahrelang keinen Sport gemacht haben, können Sie auch nicht sofort eine Bergtour unternehmen!

Selbstsicherheit lässt sich üben

Das Geheimnis des Lebens liegt nicht in dem,
was uns widerfährt, sondern darin,
was wir mit dem tun, was uns widerfährt. (N. V. Peale)

Niemand kommt mit geringem Selbstvertrauen zur Welt. Wenn wir eher schüchtern und gehemmt sind, dann deshalb, weil wir von klein auf Erfahrungen gemacht haben, die uns das Gefühl geben, mit uns stimme etwas nicht. Dank dieser Erfahrungen hören wir noch als erwachsene und vielleicht sehr erfolgreiche Menschen eine Stimme in uns, die selten ein gutes oder freundliches Wort für uns übrig hat. Diese innere Stimme, die oft als der „innere Kritiker" bezeichnet wird, schimpft uns dann einen Dummkopf. Um unser Selbstvertrauen zu steigern, müssen wir lernen, uns selbst aufzubauen und den Kritiker nicht zu übermächtig werden zu lassen. Wir müssen eine positive Stimme erschaffen, die uns aufmunternde und aufbauende Worte sagt.

Persönlichkeit mit Stil

Denn solange wir uns selbst gering schätzen, deuten wir das Verhalten anderer Menschen oft falsch. Stellen Sie sich vor, Sie betreten einen Raum und jemand im Raum steht auf und geht. Vielleicht ist dieser Mensch auch noch jemand, mit dem Sie kurz zuvor ein augenzwinkerndes Lächeln ausgetauscht haben. Beide Ereignisse sind völlig unabhängig voneinander. Wenn Sie jedoch schlecht von sich denken, dann sagen Sie sich wahrscheinlich: „Oh Gott. Etwas stimmt mit mir nicht. Er geht, weil ich komme. Ich bin so peinlich."

> **Wer schlecht von sich denkt, versteht das Verhalten anderer oft miss.**

Gerade sehr stilvolle und kultivierte Frauen können beim Flirten oft gehemmt sein. Leider werden in den Familien, in denen Umgangsformen und Etikette eine große Rolle spielen, Traditionen und Werte oft sehr maßgebend und autoritär durchgesetzt.

Junge Frauen noch mehr als junge Männer haben in gutbürgerlichen Familien oft von den Erziehenden viel Kritik erfahren, um den nötigen gesellschaftlichen Feinschliff zu bekommen. Gerade Mädchen hören in der Pubertät kritische Sätze wie:

- „So verhält man sich als Mädchen nicht!"
- „Du bist schließlich kein Junge!"
- „Du willst doch keine solche Schlampe werden!"
- „In so einem nuttigen Aufzug gehst du nicht mit auf Omas Geburtstag!"
- „Dass du dich nicht schämst!"
- „Sei nicht so vorlaut!"

Selbstsicherheit lässt sich üben

- „Brave Mädchen tun so etwas nicht!"
- „Warte gefälligst, bis deine Meinung gefragt ist!"
- „Was sollen denn die Leute denken?"

Daraus können starke Selbstzweifel erwachsen. Mädchen bilden dann kein starkes Selbstbewusstsein aus und fürchten in vielen Situationen weitere Kritik – auch in Form eines Scheiterns. Unser Bewusstsein vergisst das zwar oft, im Unterbewussten bleiben diese Erfahrungen jedoch haften und schaffen bestimmte Glaubenssätze über uns und die Welt.

Menschen, die sich selbst als schüchtern einschätzen, werden manchmal von anderen folgendermaßen wahrgenommen:

- passiv,
- ängstlich,
- gehemmt,
- unauffällig,
- kalt,
- arrogant,
- elitär.

Das ist sehr schade. Jemand, der vielleicht gerade nur ein wenig gehemmt ist und mit einer kleinen Geste auftauen und zur gewohnten Selbstsicherheit zurückfinden würde, wird abgelehnt, weil er oder sie als arrogant empfunden und abgelehnt wird. Damit beginnt ein Teufelskreis. Der Schüchterne erlebt eine Art *Selffulfilling Prophecy*, eine sich selbst erfüllende Vorhersage: „Ich wusste es ja, dass mich hier keiner mag und dass der Versuch, jemanden anzusprechen, von vorneherein zum Scheitern verurteilt ist. Das mache ich nie wieder!"

Persönlichkeit mit Stil

Testen Sie sich, ob Sie zu Schüchternheit neigen oder auf andere so wirken können!

	immer	oft	manch-mal	nie
Ich habe Hemmungen, in bestimmten Situationen auf fremde Menschen zuzugehen und Kontakte zu knüpfen				
Ich empfinde in Flirtsituationen beim ersten Satz starke Nervosität, die sich auch körperlich bemerkbar macht.				
Ich mache mir viele Gedanken, dass ich von anderen negativ beurteilt werden könnte.				
Ich spiele Situationen sehr oft gedanklich durch, sodass der Moment des Handelns oft ungenutzt verstreicht.				
Ich fürchte, mich zu blamieren.				
Ich habe Angst, wegen meiner Ungeschicklichkeit ausgelacht zu werden.				
Ich denke viel darüber nach, was andere genau jetzt in dieser Situation über mich denken.				
Aus Angst vor Ablehnung lasse ich viele Situationen des Flirtens lieber ungenutzt verstreichen.				
Wenn ich merke, dass sich jemand für mich interessiert, vermeide ich oft den Blickkontakt, da es mir peinlich ist.				

Wenn Sie sich in mehreren aufgeführten Punkten wiedererkannt haben, spricht viel dafür, dass auch Sie als Heranwachsender nicht genügend positives Feedback erhalten haben,

Selbstsicherheit lässt sich üben | | | 45

um ein gutes Selbstbewusstsein aufzubauen – generell oder einem möglichen Partner gegenüber. Das lässt sich nun nicht in fünf Minuten nachholen. Aber es gibt viel, was Sie selbst tun können, um die erste Schüchternheit zu überwinden.

Tipps und Übungen

- Überprüfen Sie Ihre alten Glaubenssätze und suchen Sie sich neue, die besser zu Ihnen und zu Ihrem heutigen Leben passen. Beispiel:

Alter Glaubenssatz	Neuer Glaubenssatz
Ich muss immer alles perfekt machen.	Niemand ist perfekt – auch ich nicht. Wer nichts macht, macht keine Fehler. Wer nichts probiert, der lernt nichts. Es gibt kein Scheitern, es gibt nur Feedback, das mir weiterhilft.

- Suchen Sie sich ein (weibliches) Vorbild beim Flirten und versuchen Sie, von ihm zu lernen.
- Probieren Sie sich in kleinen Schritten.
- Trauen Sie sich, jeden Tag mindestens einmal zu flirten – nur so kommen Sie in Schwung und üben sich. Und lassen Sie keine Ausrede gelten.
- Trainieren Sie, mehr mit Blickkontakt zu arbeiten. Hier haben Sie viele Möglichkeiten:
  - Probieren Sie ein paar Tage lang aus, mit möglichst vielen Menschen Blickkontakt aufzubauen.
  - Gehen Sie dann einen Schritt weiter und halten Sie den Blickkontakt immer noch ein, zwei Sekunden länger, bevor Sie ihn abbrechen.
- Lernen Sie, sich selbst zu akzeptieren – in jeglicher Hinsicht. Denken Sie darüber nach, welche Dinge Sie bei sich selbst niemals akzeptieren werden – zum Beispiel Ihre

Schüchternheit. Arbeiten Sie ein richtiges Programm dafür aus, wann Sie was wie angehen.

- Denken Sie immer daran: Menschen sind sehr unterschiedlich. Es ist schön, dass es nicht nur kommunikative und extrovertierte Menschen gibt. Introvertierte und eher scheue Menschen müssen sich nicht ändern – auch leise Töne sind etwas Schönes und Stilvolles. Sie dürfen nur nicht so leise sein, dass sie nicht gehört werden und im Lärm der Welt untergehen.

- Lassen Sie jeden Abend alle Situationen Revue passieren, die Sie an diesem Tag zum Thema „Stilvoll flirten" ausprobiert haben und die Ihnen gelungen sind.

- Überlegen Sie nach einer der möglichen Flirtsituationen, die Sie wieder einmal ungenutzt verstreichen ließen, ganz ehrlich: Was wäre denn das Allerschlimmste gewesen, was hätte passieren können? Vielleicht denken Sie: „Man hätte mich ausgelacht." Nun, denken Sie weiter: „Was wäre die schlimmste Konsequenz daraus gewesen?" Vermutlich glauben Sie: „Ich hätte mich sehr geschämt und würde mich sehr schlecht fühlen." Das sind zugegebenermaßen alles keine erstrebenswerten Dinge und Zustände. Dennoch kann es helfen, sich die Konsequenzen so hart und klar vor Augen zu führen. So werden Sie sich nach und nach eingestehen, dass die realen Gefahren nicht so groß und tatsächlich bedeutungslos sind.

- Denken Sie immer wieder einmal darüber nach, welche Ihrer Verhaltensweisen Sie gerne ablegen würden. Machen Sie das einfach nebenbei, wenn Sie bügeln oder etwas anderes tun. Werfen Sie hin und wieder auch symbolisch etwas dafür weg: Schmeißen Sie einen Stein, der für Ihre Ängste steht, in einen Fluss oder auf einen Acker.

Selbstsicherheit lässt sich üben

- Schreiben Sie eine Positiv-Liste: Was ist denn alles toll, anziehend, attraktiv und liebenswert an mir? Hängen Sie die Liste an einen Ort, an dem Sie sie immer wieder sehen.
- Verhaltenstrainer und Coaches wissen, dass es eine Zeit dauert, bis ein neues Verhalten so selbstverständlich geworden ist, dass wir es ganz natürlich machen und nicht mehr viel darüber nachdenken. Manche Forscher nehmen 30 Tage, andere drei Monate an. Haben Sie also ein wenig Geduld mit sich und bleiben sie dran.
- Auch wenn Sie nicht so glücklich über Ihre ersten Flirtversuche waren, die Sie selbst vielleicht als eher peinlich und nicht sehr stilvoll empfunden haben: Wiederholen Sie immer wieder einen Satz wie: „Jeder kleine Flirt verbessert meine Fähigkeiten. Ich kann dabei nichts verlieren, ich kann nur Schritt für Schritt immer mehr über andere und mich lernen."
- Tun Sie generell etwas für Ihr Selbstbewusstsein. Viele, die sich bisher oft geschämt haben, schwören auf sogenannte Desensibilisierungspraktiken. Sie fangen mit etwas Kleinem an, das aber doch eher peinlich ist: Im Fast-Food-Restaurant nach der Weinkarte fragen oder etwas Ähnliches. Das machen Sie einfach so lange und so oft, bis es Ihnen nicht mehr peinlich ist und Sie keinen roten Kopf mehr dabei bekommen.
- Sprechen Sie in den nächsten Wochen bei jeder Gelegenheit einen interessant aussehenden Mann oder eine interessant aussehende Frau an und fragen Sie sie etwas, etwa, wo die nächste Bank ist, der Weg zum Bahnhof, die Uhrzeit, ob er/sie Geld wechseln kann. Flirten Sie noch nicht – trainieren Sie einfach nur, trotz Ihrer Schüchtern-

heit, einen fremden Mann oder eine fremde Frau anzusprechen. Lassen Sie sich die Auskunft geben, lächeln Sie und bedanken sich, dann gehen Sie weiter. Üben Sie es so lange und so oft, bis Sie merken, dass Sie sich, egal wie gut oder interessant jemand aussieht, nicht mehr im mindesten gehemmt fühlen, auf die Person zuzugehen und eine normale Frage zu stellen.

- Merken Sie sich: Es gibt kein Scheitern, es gibt nur Feedback. Jede Erfahrung hilft, besser zu werden.

Vergessen Sie nicht: Flirten ist normal und macht Spaß. Es hat nichts mit „billig" und „nicht damenhaft" oder Ähnlichem zu tun. Es gab zu jederzeit Flirtsignale, die sich je nach Kultur und sicherlich auch nach gesellschaftlicher Klasse unterschieden. Doch geflirtet haben alle! So spielten früher die Damen der oberen Klassen mit ihren Fächern ein feinsinniges Spiel. Für den Eingeweihten hatte jede Handdrehung mit dem Fächer, jede unterschiedliche Öffnung des Fächers und die Art und Weise, wie er zum Körper hin oder von ihm weg bewegt wurde, eine ganz eigene Bedeutung.

Denken Sie auch daran: Selbstsicherheit beruht zum einen auf den Fähigkeiten und Fertigkeiten, die man für den Umgang mit bestimmten Situationen braucht, zum anderen aber auf der eigenen Einstellung, den Glaubenssätzen und Überzeugungen, also darauf, ob Sie daran glauben, diese Situation gut zu meistern.

Die Selbstsicherheit hat nicht nur direkte Auswirkungen auf Sie selbst, sondern auch darauf, wie Sie von Ihrer Umwelt erlebt werden.

Anspannung gehört dazu

Flirten soll Spaß machen, es steht für Leichtigkeit und etwas Spielerisches. Dennoch ist es manchmal stressig. Denn Situationen, in denen man sich fragt, ob man das alles schafft und wie das jetzt wohl wird, erzeugen einfach Stress. Wenn Sie also beim Flirten gestresst sind oder es anstrengend finden, dann schreiben Sie dieser Situation vermutlich zu viel Bedeutung zu. Das passiert oft, wenn der letzte Flirt schon sehr lange her ist. Dann ist jede Situation neu und etwas Besonderes. Eine gewisse Anspannung dürfen Sie dann schon haben. Sie macht es ja auch spannend.

Stress entsteht im Stammhirn, das ist der stammesgeschichtlich älteste Teil unseres Gehirns, der auch oft Reptiliengehirn genannt wird. Er reagiert reflexartig auf alles Neue, wenn wir vor die Wahl „fliehen oder kämpfen" gestellt sind. Unseren Vorfahren sicherten diese automatischen Reaktionen das Überleben.

Bei Auftreten eines Stressors, also in unserem Fall der unbekannten und neuen Situation des Flirtens, werden bestimmte Hormone ausgeschüttet. Herzschlag, Puls und Blutdruck erhöhen sich. In der Steinzeit diente all dies in Gefahrensituationen dazu, den Körper in Alarmbereitschaft zu versetzen, um so das Überleben zu sichern. Der Körper war bereit, zu kämpfen oder zu fliehen. Beugen Sie dem Stress vor, indem Sie dafür sorgen, dass das Flirten nichts Neues und Unbekanntes mehr ist. Lassen Sie sich durch erste stressige Erfahrungen nicht entmutigen. Nur so können Sie Ihren Körper austricksen.

Schwächen sind liebenswert

Sobald du dir selbst vertraust, verstehst du zu leben.

(Johann Wolfgang von Goethe)

Vielleicht sind Sie nicht nur schüchtern oder etwas gehemmt im Umgang mit dem anderen Geschlecht. Vielleicht können Sie nicht kochen oder im Kopf rechnen. Möglicherweise wiegen Sie zu viel oder zu wenig, sind sportsüchtig oder ein Sportverweigerer. Schlimm ist das nur dann, wenn Sie es selbst als Problem betrachten.

Dann kreisen Ihre Gedanken immer darum, wann Sie das dem anderen am besten beichten und ob es Ihre Marktchancen mindert. Denn es ist ein Markt, das ist richtig. Doch wie es Menschen gibt, die ein Vermögen für einen alten, wackligen und recht schäbig aussehenden Tisch ausgeben, da sie seinen wahren Wert kennen oder genau so eine – vielleicht sehr seltene – Form einfach schön finden, so funktioniert es auch auf dem Partner-Markt.

Kleine Schrullen und Schwächen finden auf dem Partner-Markt auch ihre Liebhaber.

Stehen Sie zu Ihren Schwächen und Schrullen – möglicherweise werden Sie genau dadurch in den Augen Ihres Gegenübers liebenswert. Denn vielleicht wünscht sich Ihr Traumpartner ja nicht jemanden mit Traummaßen, sondern ist auf der verzweifelten Suche nach jemandem, der nicht hektisch dreimal wöchentlich ins Fitness-Studio rennt, sondern sich lieber mit einem Buch auf das Sofa kuschelt.

Bitte

- verteidigen Sie sich nicht dafür.
- rechtfertigen Sie sich nicht.
- verschweigen Sie solche Dinge nicht schamhaft.
- erzählen Sie darüber mit ein wenig Humor und Selbstironie.
- lernen Sie, genau diese Dinge bei sich selbst nicht nur zu akzeptieren, sondern vielleicht sogar zu mögen.

||| Positive Glaubenssätze finden

Ersetzen Sie hinderliche Glaubenssätze. Hatten Sie bisher das Gefühl, immer nur von Männern oder Frauen angesprochen zu werden, die bereits gebunden sind, eine gestörte Persönlichkeit haben, sich nicht entscheiden können oder eher ordinär als stilvoll sind? Dann verinnerlichen Sie das nicht. Sonst wird sich daran auch nicht viel ändern. „Immer begegnen mir nur solche Typen ..." ist eine klassische Selffulfilling Prophecy. Überzeugen Sie sich mit einem Satz, den Sie stattdessen ständig denken, etwa: „Der genau richtige Partner für mich wird mir im genau richtigen Moment begegnen."

Ansprechen und weitersprechen

Was eignet sich als erster Satz?

Nicht alles, was intelligent und originell klingt, ist es auch. Es gibt unter den männlichen Flirtexperten, den sogenannten *Pick-up-Artists*, erfolgreiche „Aufreißer" – eine weitverbreitete Strategie für den ersten Satz, die sich großer Erfolge rühmt: die Meinungsfrage. Eine der beliebtesten ist hier zum Beispiel: „Was glaubst du, wer lügt häufiger, Männer oder Frauen?"

Es gibt eine Reihe solcher Meinungsfragen oder Gedankenspiele. Wer mag, kann sich die bekanntesten unter www.pickupedia.com ansehen. Sie sollen als Eisbrecher fungieren, interessanterweise scheinen die meisten Männer damit auch gute Erfolge zu haben. Es hört sich schließlich intelligent an und für die im Flirten ungeübte Frau „so ganz anders", „mal wirklich interessant und interessiert".

Oft und erfolgreich werden Meinungsfragen von Männern als Einstieg beim Flirten benutzt.

Wie spricht man aber jemanden, der einem gefällt, stilvoll an? Wie kann eine Frau einen Mann ansprechen und wie ein Mann eine Frau?

Viele Untersuchungen und psychologische Tests zeigen, dass ein Mann eine Frau immer nur dann anspricht, wenn er

Was eignet sich als erster Satz?

vorher einige unterschwellige Signale erhalten hat. Den Anfang macht also die Frau, auch wenn bei oberflächlicher Betrachtung der Mann aktiv wird, auf die Frau zugeht und etwas mehr oder weniger Originelles sagt.

Warum sollte demnach eine Frau doppelte Arbeit leisten? Warum sollte sie subtile Signale senden und auch noch die ersten Worte sprechen?

Eine Frau mit Stil weiß um die feinen Signale, die sie sendet. Ein Mann mit Stil versteht sie. Ein Mann, der außerdem noch Interesse hat, handelt auch. Kultivierte Männer verwenden keinen der Sätze, die beispielsweise auf www.sprucheportal.de/anmachsprueche.php zu finden sind. Sie kämen auch nicht im Traum auf die Idee, unter einem der 375 000 Treffer im Internet zu suchen, die man beim Googeln von „Anmachspruch" findet. Trotzdem sollten Frauen ruhig einen Blick auf diese Seiten werfen. Dann entdecken sie so manche als ungewöhnlich und originell empfundene Idee als „Spruch Nummer sieben" – besonders empfohlen für Kontakte in Hotelbars.

Unverfängliche Themen eignen sich für die ersten Sätze am besten.

Wer als Frau weiß, dass der eigentliche Impuls zum Flirten von ihr ausgeht, wird mehr Chancen nutzen, sich den Alltag mit einem kleinen Flirt zu verschönern. Wer zudem noch weiß, dass eine Frau gar nicht auf einen fremden Mann zugehen und ihn ansprechen muss, um den ersten Schritt zu tun, der öffnet sich die Tür zu einem spannenden Raum voller Abenteuer.

Ansprechen und weitersprechen

Die Kunst liegt darin, die Aufmerksamkeit eines Mannes elegant auf sich zu lenken, sodass dieser selbst aktiv wird.

Natürlich finden sich auch für Frauen in Blogs und auf Internetseiten zum Thema Flirten Mustersprüche. Die lauten zum Beispiel:

- „Wie fühlt man sich so als einziger vernünftiger Mann im Raum?"
- „Ich habe meine Telefonnummer vergessen. Gibst du mir deine?"
- „Du siehst meinem vierten Freund ähnlich – drei hatte ich schon."
- „Kneif mich bitte mal, du siehst so toll aus, dass ich bestimmt nur träume."

Nicht ganz so schlimm, aber noch platt genug, sind folgende Vorschläge:

- „Ich weiß zwar nicht, wer du bist, aber ich würde es gerne wissen."
- „Ich dachte mir, wenn ich dich jetzt nicht anspreche, dann sehen wir uns vielleicht nie wieder."

Stilvoll sind diese Sprüche aber alle nicht. Bei einer Reihe von ernsthaften wissenschaftlichen Versuchen wurde getestet, auf welche Sätze Männer am ehesten reagieren, wenn sie von einer Frau angesprochen werden. Ich weiß nicht, ob es eine gute oder eine schlechte Nachricht für Sie ist: Eigentlich ist es egal, was Sie sagen. Es funktioniert fast immer. Selbst bei den dümmsten Sprüchen, die in Datenbanken im Internet zu finden sind, lag die Erfolgsquote immer noch zwischen 70 und 80 Prozent.

Offene Fragen oder Kommentare

Stilvoll und nahezu 100 Prozent erfolgreich für den Beginn ist ein völlig unverfänglicher Satz, der sich nur auf die momentane Situation bezieht, also etwa ein Kommentar zur bestehenden Situation oder den aktuellen Umständen. Das erscheint immer logisch und muss noch nicht als Annäherungsversuch verstanden werden. Zudem kann niemand Nein sagen – es wurde ja schließlich nichts gefragt. Von einer kurzen Erwiderung bis hin zu einem charmanten Lächeln und ein paar freundlichen Sätzen ist dann alles an Reaktion möglich.

Mögliche Sätze wären:

- Unterwegs im Bordrestaurant des ICE: „Eine gute Idee, jetzt Sterneköche für die Bahnmenüs zu engagieren" oder einfach nur: „Das hört sich nach einem verlockenden Menü an."
- Im Supermarkt oder Feinkostladen: „Bei 30 Tomatensaucen kann man sich doch wirklich nicht mehr orientieren."
- An einer Bar: „Es geht einfach nichts über ein frisch gezapftes Bier."
- In der Warteschlange für eine Kunstausstellung: „Na, hoffentlich lohnt sich die Warterei bei Wind und Wetter dann auch."

Wenn Sie das natürlich mit nach unten geneigtem Kopf vor sich hin murmeln, wird auch der wohlmeinendste Mensch vermuten, dass Sie Selbstgespräche führen. Das motiviert eher nicht zu einer Antwort. Doch mit entspannter Köperhaltung, einem Lächeln und einem kurzen Blickkontakt müsste es funktionieren!

Aller Anfang ist schwer: Ein bisschen Nervosität beim Ansprechen ist normal, aber in der Regel unnötig.

„Sind Sie öfter hier?" ist zwar nicht besonders einfallsreich und es kann mit solch einer geschlossenen Frage auch passieren, dass der so Angesprochene nur Ja oder Nein antwortet. Doch vermutlich wäre in diesem Fall auch ein klügerer Satz nicht auf mehr Resonanz gestoßen. Diese Frage bittet um Aufmerksamkeit und bettelt förmlich darum: „Sprich doch mit mir. Erzähle mir, was du hier und sonst so machst.

Ich interessiere mich dafür und möchte all das gerne hören."
Eine schöne Einladung, nur eben nicht sehr geistvoll.

Ob der erste Satz nun als Frage oder als Kommentar formuliert wird, scheint bei Frauen keine Rückschlüsse auf ihr Interesse zuzulassen. Bei Männern hingegen hat man durch Tests Folgendes festgestellt: Ist der erste Satz keine direkte Frage an die Frau, interessieren sie sich nicht besonders für diese.

Eine Befragung unter 4 000 Mitgliedern einer Partnerbörse zeigte, dass sowohl bei Männern als auch bei Frauen ein Vorwand als Flirteröffnung sehr beliebt ist. Hier scheinen die Erwartungshaltungen von Frauen generell höher zu sein. Knapp zwei Dritteln gefällt ein Kompliment, mehr als der Hälfte „etwas Originelles". Das ergeht nur je rund 40 Prozent der Männer ebenso.

Übungen
Probieren Sie Folgendes einmal selbst aus:

- Wenn Sie zum Beispiel bei Ihrem Weinhändler stehen und den Wein verkosten, den er Ihnen zum Spargel empfiehlt, fragen Sie den attraktiven Mann, der sich gerade die Sektflaschen ansieht: „Glauben Sie auch, dass der einzig passende Wein zum Spargel ein Silvaner ist?"
- Immer wieder gerne gestellt sind auch Fragen wie: „Sie kaufen gerade den Bardolino. Wissen Sie, ob man den gut mit einem Eintopf mit viel Ingwer kombinieren könnte?"
- Viele Frauen schwören darauf, einen Mann um einen kleinen Gefallen zu bitten. Gerade Frauen, die häufig in strengen Business-Kostümen unterwegs sind oder auf

dem Nachhauseweg vom Büro schnell noch etwas einkaufen, berichten, dass ihr Outfit, das sonst schnell Männer in die Flucht schlägt, keine Rolle mehr spielt, wenn sie nach dem Weg oder einem Lokal fragen.

■ Treffen Sie jemanden bei einer privaten Feier, können Sie natürlich immer fragen, wie derjenige den Gastgeber kennengelernt hat. Ebenso ist bei einer Veranstaltung eine Frage zu Inhalt oder Programm ganz natürlich und logisch.

Herausfinden, ob der andere gebunden ist

Wenn Sie auf der Suche nach einem Partner sind und nicht nur „einfach so" flirten wollen, dann möchten Sie sicherlich möglichst strategisch vorgehen. Es ist Ihr gutes Recht zu wissen, woran Sie sind. Doch der erste Kontakt soll ja kein Verhör werden, und natürlich kann der andere Ihnen erzählen, was er will – Geschichten von Frauen, die über Wochen oder auch über Jahre hinweg nicht ahnten, dass sie nicht die einzige Partnerin sind, können in fast jedem Freundeskreis Stunden füllen.

Mit gezielten Fragen kann man herausfinden, ob der Flirtpartner gebunden ist.

Zudem ist es plump und dumm, bei einer zufälligen Begegnung oder bei einer ersten Verabredung erst einmal alle Informationen über sich auszutauschen. Hobbys, Beruf, Werdegang und anderes sind natürlich interessant, das alles jedoch schon beim ersten Treffen aufzuzählen ist einfach nur langweilig.

Herausfinden, ob der andere gebunden ist

Berichtet Ihnen jemand, dass er jeden Sonntag in aller Frühe aufsteht, um angeln zu gehen, ist die Frage ganz natürlich: „Ist Ihre Familie denn darüber immer so begeistert?" Sie hören dann, ob es diese Familie überhaupt gibt. Zugegeben, die Absicht der Frage ist ein wenig durchsichtig, doch anders geht es kaum. Die einzige halbwegs elegante Variante ist, das Gespräch über Beruf oder Freizeit darauf zu lenken, wie sich das mit dem sonstigen Leben, dem Privatleben oder den Wünschen der Familie vereinbaren lässt. Es gehört ein wenig diplomatisches Geschick dazu, das Gespräch so zu

Erzählen Sie beim ersten Date nicht gleich alles von sich – nichts wirkt langweiliger als ein heruntergeleierter Lebenslauf!

60 ||| **Ansprechen und weitersprechen**

steuern und dann ganz natürlich und wie nebenbei so eine Frage zu stellen. Probieren Sie es aus – Übung macht auch hier den Meister!

Trainieren Sie, auf bestimmte Sätze eine Frage zu stellen, die einen Rückschluss auf die Gebundenheit oder Ungebundenheit Ihres Gegenübers zulässt. Betreiben Sie ruhig ein wenig „Trockentraining".

Jemand sagt beispielsweise:
„Ich gehe fast jedes Wochenende im Sommer bergsteigen."

Ihre Fragen dazu könnten lauten:
- „Genießen Sie dann eher die Ruhe in der Natur oder sind Sie in einer ganzen Gruppe unterwegs?"
- „Was sagt denn Ihre Familie dazu, wenn Sie sich so oft ausklinken?"
- „Macht denn Ihre Familie da bereitwillig mit – Bergsteigen ist ja nicht jedermanns Sache?"

Oder jemand sagt:
- *„Der Samstagvormittag ist für mich immer mit einem Besuch auf dem Markt und dann im Café verbunden."*

Ihre möglichen Fragen dazu:
- „Kochen Sie denn in der Familie am Wochenende immer gemeinsam?"
- „Haben Sie ein Stammcafé, in dem Sie sich immer mit Freunden treffen?"
- „Sie sind also derjenige, der sich in der Familie um das Kulinarische kümmert?"

Auf die Äußerung „*Mein idealer Sonntagmorgen besteht aus dem Lesen von drei Zeitungen und einem stundenlangen Frühstück*" könnten Sie fragen:

- „Was sagt denn Ihre Freundin/Ihr Freund dazu, wenn Sie sich so abkapseln?"
- „Und wie geht Ihre Familie damit um, wenn Sie morgens nicht ansprechbar sind?"
- „Haben Sie am Wochenende nicht das Bedürfnis, sich erst einmal in der Familie auszutauschen, oder sehen Sie sich auch unter der Woche oft?"

Was-wäre-wenn-Fragen

Sie müssen auch als kultivierter Mensch nicht alles wissen – gerade im Flirt kann es tödlich sein, den anderen mit zu viel Bildung zu erschlagen. Fragen Sie bei Ihnen unbekannten Gebieten nach und lassen Sie damit dem anderen die Chance, etwas von sich zu erzählen und vielleicht ein wenig zu glänzen: „Bauhaus-Architektur. Damit konnte ich nie besonders viel anfangen. Was fasziniert Sie denn so daran?"

Je mehr Ihr Gegenüber die Gelegenheit bekommt, über Dinge zu sprechen, die ihm oder ihr gefallen, desto besser wird er oder sie sich fühlen. Das kennen Sie sicher auch: Wenn Sie über den schönsten Urlaub Ihres Lebens ausführlich sprechen dürfen, dabei noch einen interessierten Zuhörer haben, der immer wieder nachfragt, fühlen Sie sich automatisch gut. Und dann findet eine Art

Vergessen Sie nicht: Interessant ist, wer sich interessiert – für etwas mehr als sich und seine eigene Welt!

62 ||| **Ansprechen und weitersprechen**

Übertragung statt: Dadurch, dass Sie sich in einer Situation gut fühlen, übertragen Sie dieses gute Gefühl auf die andere Person, auch wenn die damit eigentlich gar nichts zu tun hat …

Wer mehr über den anderen, seine Art zu denken, seine Werte im Leben und seine Interessen sprechen möchte, kann ein wenig mit „Was-wäre-wenn-Fragen" spielen. Die können ganz nebenbei im Gespräch einfließen, etwa so:

- „Wie schade, dass das Wetter heute so schlecht ist. Aber ich habe mich schon oft gefragt, wie die Welt wohl wäre, wenn wir das Wetter machen könnten. Was glauben Sie?"
- „Schade, dass das ICE-Restaurant nichts mehr zu essen hat. Ich bin ganz ausgehungert. Ob es wohl irgendwann einmal möglich sein wird, materielle Dinge genauso zu verschicken wie eine SMS? Was denken Sie?"
- „Was wäre wohl, wenn wir uns wirklich an jeden beliebigen Ort beamen könnten? Wo wären Sie dann am liebsten?"
- „Was wäre eigentlich, wenn wir nur vier Stunden schlafen müssten? Was würden Sie mit der zusätzlichen Zeit am liebsten machen?"

Viereinhalb Minuten dauert es in der Regel, bis sich Menschen in einem Gespräch – auch wenn es in einer Runde stattfindet – entscheiden, ob es sich lohnt, den Kontakt mit einem anderen zu vertiefen. Es ist also nicht ganz so schlimm, wenn der Anfang ein wenig zögernd oder holprig verläuft. Doch nach ein paar Wortwechseln muss es zumindest rund laufen, sonst ist das Gespräch schnell wieder vorbei.

||| Gesprächsaufhänger schaffen

- Schaffen Sie sich gut sichtbare Gesprächsaufhänger durch Ihre Accessoires. Viele Dinge, die wir immer bei uns haben, geben Rückschlüsse über unseren Geschmack und unsere Vorlieben. Natürlich wirkt es anders, wenn jemand mit einem Montblanc-Füller schreibt und nicht mit einem Werbe-Wegwerf-Kugelschreiber einer Tankstelle. Ein Täschchen für Visitenkarten, das nach einem Erbstück aussieht, verlockt eher zu einer Nachfrage und einem persönlichen Gespräch als eine der vielen Standard-Varianten, wie sie in fast jeder Tasche zu finden sind.
- Prüfen Sie, ob alle Ihre Accessoires vom Regenschirm bis zum Schlüsselbund zu dem Image und der Aussage über Sie passen, die Sie sich wünschen.

Wie man spricht, so wirkt man

Je nach Quelle hat die deutsche Sprache zwischen 200 000 und 500 000 Wörter. Die genaue Zahl lässt sich nicht feststellen, da wir im Deutschen ständig neue Wörter bilden, indem wir bereits vorhandene zusammenfügen. So ergeben sich dann solche Ungetüme wie „Rindfleischetikettierungsüberwachungsaufgabenübertragungsgesetz". Wichtig zu wissen ist jedoch, dass ein kultivierter Sprecher mehrere tausend Wörter verwendet, obwohl für Alltagsgespräche rund 500 bis 800 genügen und Boulevard-Zeitungen nur einen durchschnittlichen Wortschatz von etwa 400 Wörtern nutzen. Wenn Sie den Verdacht haben, Ihr Wortschatz habe sich in den letzten Jahren eher vereinfacht, da Sie aus

Ansprechen und weitersprechen

beruflichen oder privaten Gründen nicht mehr so gefordert waren, dann sollten Sie jetzt etwas daran ändern. Sie wollen stilvoll flirten und einen stilvollen Partner bekommen. Wer da im Boulevard-Zeitungsjargon spricht, wird vermutlich nicht weit kommen.

Sprachforscher sprechen vom elaborierten und restringierten Code. Mit elaboriert ist die differenzierte und reiche Sprache des Bildungsbürgertums gemeint und mit restringiert ein sehr einfaches Sprachniveau.

Wer also tagtäglich die Dinge nur mit „lecker", „cool", „der Hammer" oder „einfach Wahnsinn" betitelt, wird in einem intelligenten Flirt nur schwer auf die Sprachspiele des anderen eingehen und ein aufregendes Pingpong-Spiel beginnen können. Erotik fängt im Kopf an – die Freude an intelligentem Sprachgebrauch gehört dazu.

Wer sich im neuen Single-Dasein wieder zurechtfinden muss, der tut gut daran, sich nicht nur in seiner Einsamkeit selbst leidzutun, sondern auch andere Genüsse in kulturellen Aktivitäten (wieder-) zu entdecken. Dazu kann beispielsweise auch der Genuss an Sprache, Wortspielen und Sprachwitz gehören.

Doch nicht nur der Wortschatzreichtum und die Semantik sind wichtig. Im Jahr 2009 wurde untersucht, wie die unterschiedlichen deutschen Dialekte beim Flirten wirken. Wenn Sie aus dem Süden kommen, sind die Ergebnisse erfreulich, Nord- und Ostdeutsche müssen wohl, zumindest als Dialektsprecher, unter sich bleiben:

||| Top 10 der sexy Dialekte:

1. Bayerisch (42 Prozent)
2. Wienerisch (28 Prozent)
3. Schwyzerdütsch (27 Prozent)
4. Berlinerisch (23 Prozent)
5. Kölsch (18 Prozent)
6. Plattdeutsch (15 Prozent)
7. Schwäbisch (15 Prozent)
8. Badisch (12 Prozent)
9. Hessisch (10 Prozent)
10. Sächsisch (9 Prozent)

Übungen

- Überprüfen Sie sich: Wie oft verwenden Sie einen Ausdruck wie „super" oder „klasse", wenn Sie etwas mögen? Falls Sie diese Worte viel zu oft gebrauchen, kaufen Sie sich ein Synonymwörterbuch oder arbeiten Sie öfter einmal mit einem Thesaurus.
- Überlegen Sie immer wieder, wenn Sie etwas erzählen, welcher andere Begriff es genauso oder vielleicht noch passender beschreiben würde.

Schweigen

Ein Schweigen muss nicht unangenehm sein. Es wird nur oft so empfunden, weil hierbei häufig die Angst mitspielt, man genüge den Ansprüchen des anderen nicht. Die verzweifelte Suche nach einem möglichst intelligenten, gleichzeitig aber

Ansprechen und weitersprechen

auch leichten und möglichst humorvollen Thema blockiert ihrerseits die Kreativität. Doch machen Sie sich klar: Es ist Ansichtssache, ob Schweigen wirklich unangenehm ist. Vielleicht ist es ja auch

- beredt,
- vielsagend,
- genussvoll,
- verbindend,
- entspannend,
- mitteilsam,
- abwartend,
- gespannt.

Warum müssen Sie dann etwas dagegen tun? Sie könnten es auch einfach stehen lassen und einmal einen Moment der Ruhe genießen. Und: Wenn Sie schon jetzt, in einer Flirt- und Kennenlernphase, kein gemeinsames Schweigen aushalten, ist die Prognose für die nächsten Jahrzehnte nicht günstig. Es sei denn, Sie schätzen beide eher eine andauernde Berieselung und Geräuschkulisse um sich.

Genießen Sie gerade in der Kennenlernphase Augenblicke des Schweigens.

Vielleicht ist Schweigen aber auch ein Zeichen dafür, dass Sie sich nichts zu sagen haben. Rechtzeitig erkannt ist das doch auch in Ordnung.

Doch wenn Sie unbedingt etwas sagen wollen oder sich dazu gezwungen fühlen, greifen Sie ein Geschehen im Hier und Jetzt auf. Damit geben Sie etwas von sich preis und laden dazu ein, im Gespräch zu bleiben. Hier eignet sich ein durchaus banaler Kommentar über den überforderten Kellner, auf den Sie beide warten – wodurch das Gespräch ins Stocken gekommen ist: „Ich hätte nicht erwartet, dass an einem Montag hier so viel los ist." Oder: „Der Garten sieht wirklich in der abendlichen Fackelbeleuchtung noch schöner aus."

Dennoch: Sie dürfen schweigen, wenn Sie auf etwas nicht antworten möchten. Dann können Sie beispielsweise Folgendes sagen:

- „Bitte versteh, dass ich darüber jetzt nicht sprechen möchte."
- „Lass uns heute Abend bitte einfach nur über schöne Dinge sprechen."
- „Das ist mir im Augenblick zu persönlich."
- „Ein anderes Mal."

Erklären Sie das nicht weiter und rechtfertigen Sie sich nicht. Das ist nicht unhöflich und wirkt nicht abweisend, sondern eher stark und selbstbewusst und vielleicht ein wenig geheimnisvoll.

Übung

- Achten Sie bei den nächsten privaten Gesprächen einmal darauf, wie viele Fragen Ihnen gestellt werden, die Sie gar nicht beantworten möchten. Üben Sie, die Fragen nicht direkt zu beantworten, sondern ihnen auszuweichen und einfach etwas anderes zu erzählen, genauso wie das Leute in Talkshows gerne machen. Beobachten Sie, welche Reaktionen Sie bekommen. Wer merkt überhaupt, dass Sie nicht auf die gestellte Frage antworten?

Ehrlichkeit und Offenheit

Ehrlichkeit und Offenheit sind Werte, die sicher fast jeder von uns gutheißt. Insbesondere, wenn wir jemanden kennenlernen, in den wir uns verlieben, ist es wichtig, keine künstlichen Gebäude von Erfolg und Status aufzubauen. Doch es gibt sicher auch bei fast jedem Dinge im Leben, die er nicht allen auf die Nase binden will, die für einen neuen Partner jedoch wichtig sein könnten. Doch wann ist der richtige Zeitpunkt, um von den sechs Kindern, der Vorstrafe oder den Schulden in Millionenhöhe zu sprechen?

Wichtig:
- Geben Sie Informationen, die für den anderen ausschlaggebend sein könnten, gleich zu Beginn.
- Sprechen Sie nicht ausführlich über vergangene oder aktuelle Probleme.
- Erzählen Sie Ihre Lebensgeschichte in Kapiteln – und nicht alles an einem Abend.

Ein Gespräch beenden mit der Hoffnung auf ein Wiedersehen

Gerade bei zufälligen Begegnungen und einem netten Gespräch, das Sie gerne fortsetzen würden, stellt sich irgendwann die Frage: Wie geht es weiter, geht es überhaupt weiter? Soll ich einfach danach fragen? Oder soll ich sagen, dass mir das Gespräch gut gefallen hat, und auf eine positive Antwort mit der Frage nach meiner Telefonnummer warten?

Eine der besten Strategien für Frauen ist es wohl, den eigenen Abschied anzukündigen und mit einem Kompliment an den Mann zu verbinden: „Leider muss ich jetzt gleich los. Es war wirklich sehr interessant, sich mit Ihnen zu unterhalten." Wenn nur ein freundliches „Ja, es hat mir auch viel Spaß gemacht" kommt, verabschieden Sie sich freundlich und gehen. Er will halt nicht. Sein Pech – nicht Ihres.

Missverständnisse

Wenn zwei Menschen sich noch nicht gut kennen, stehen die Chancen für Missverständnisse besonders hoch. Wenn Gefühle mitspielen, werden oft kleine Dinge zu Fallstricken. Deshalb ist es wichtig, sich über die eigenen Muster in Kommunikation und Verhalten im Klaren zu sein – nur dann können Sie erkennen, wie anders eine andere Person kommuniziert und empfindet. Am häufigsten sind gerade zu Beginn einer Beziehung (sowohl beruflich als auch privat) Missverständnisse über die Pünktlichkeit.

Missverständnisse kommen gerade bei Menschen, die sich nicht gut kennen, sehr leicht vor.

So kann es für den einen eine Missachtung und Verletzung bedeuten, wenn der Gesprächspartner fünf Minuten nach der verabredeten Zeit kommt, ein anderer bemerkt diese Verspätung noch nicht einmal. Gehen Sie also davon aus, dass ein bestimmtes Verhalten vielleicht für Sie schrecklich ist, dies vom anderen aber möglicherweise überhaupt nicht beabsichtigt war und seine Sicht der Welt eine ganz andere ist …

Körpersprache

*Körpersprache ist ein raffiniertes Produkt der Evolution,
ein Panoptikum von Verhaltensweisen voller Nuancen,
ein Füllhorn für Spekulationen und zudem ein äußerst
unwegsames Forschungsfeld.* (Christiane Tramitz)

Nicht von ungefähr gibt es seit Jahrzehnten zahlreiche Bücher und jährlich immer mehr Neuerscheinungen zum Thema Körpersprache. Da durch moderne Methoden aus Wissenschaft und Technik immer mehr entschlüsselt wird, ist das Gebiet nahezu unendlich. Man entdeckt stetig mehr. Dennoch – vermutlich macht genau dies den Reiz des Themas aus: Je mehr entschlüsselt wird, desto mehr neue Rätsel gibt es.

Mit Blicken flirten

Mit Blicken zu arbeiten ist eine der wichtigsten und auch elegantesten Methoden beim Flirten. Viele Frauen wissen überhaupt nicht, was sie alles mit Blicken machen können. Dabei ist es so vielsagend, wenn eine Frau einen Mann ansieht und der ihren Blick einen Augenblick erwidert. Der Blick ist eine Aufforderung, sie signalisiert ihm damit, dass er sich nähern darf, ohne dass sie das als Angriff oder Beleidigung auffassen wird. Alle Untersuchungen weisen darauf hin, dass Männer im Entschlüsseln von körpersprachlichen Signalen im Allgemeinen weniger gut sind als Frauen. Doch bei einem Blickkontakt klappt die Kommunikation meist

Mit Blicken flirten | 71

gut. Auch schüchterne oder ungeübte Männer verstehen das: Sie schaut mich an – ich darf mich nähern. Unternimmt ein Mann darauf nichts, hat er eben kein Interesse. So einfach ist das. Es ist gar nicht nötig, sich dann noch mehr einfallen zu lassen. Als Frau können Sie sich Ihre kreativen Ideen für die Neudekoration Ihres Hauses oder für das wichtige Projekt im Unternehmen aufsparen.

Auch wenn nicht alle Männer die Zeichen verstehen: Ein Blick sagt oft mehr als tausend Worte.

Menschen spüren, wenn jemand sie ansieht, vor allem, wenn es ein etwas längerer und intensiverer Blick ist. Es scheint ein evolutionäres Erbe zu sein, dass wir ein Gefühl dafür haben, wenn wir im Blickpunkt einer anderen Person stehen – selbst wenn wir diese Person gar nicht selbst sehen. Vielleicht kennen Sie das auch: Sie sitzen in einem Café oder fahren mit den öffentlichen Verkehrsmitteln und haben dieses merkwürdige Gefühl, links von Ihnen sähe Sie jemand an. Sie drehen den Kopf – ertappt! Genau so ist es auch!

Frauen haben dafür offenbar ein sehr gutes Gespür. Sie sind zudem von der menschlichen Entwicklungsgeschichte mit einer Art „Rundum-Blick" ausgestattet worden, Männer hingegen haben eher eine Art „Tunnelblick". Sie sind von der Evolution anscheinend eher darauf vorbereitet, den Feind oder das Wild am Horizont zu erspähen – geradeaus geht also gut, doch alles links und rechts von ihnen wird schlichtweg ignoriert. Manche Frau, die die Flirtphase schon hinter sich und ihr Wunsch-Exemplar zu Hause hat, kann es sich auch nur so erklären, dass er die Wäscheberge gar nicht sieht, über die er doch auch steigen muss, wenn er Richtung Bett oder Kühlschrank läuft.

Wenn Sie also bei der nächsten Weinprobe dem gut aussehenden Weinkenner, der sich so angeregt mit dem Winzer unterhält, stundenlang auf den Hinterkopf starren, ohne dass er reagiert, muss es kein Desinteresse dieses Mannes sein. Vielleicht sollten Sie einfach einmal Ihre Position wechseln. Möglicherweise reicht es, sich nicht hinter oder neben, sondern schräg vor Ihr Wunschobjekt zu stellen. Achten Sie dabei aber darauf, nicht genau frontal vor

Mit Blicken flirten   73

jemanden zu stehen. Das wirkt schnell zudringlich oder
bedrohlich.

Auch in Gesprächen gibt es normalerweise bestimmte Blick-
muster. Beim normalen Zweiergespräch sieht in etwa zwei
Dritteln der Zeit einer den anderen an. In knapp einem Drittel der Zeit treffen sich die Blicke, dieser Blickkontakt dauert jeweils circa eine Sekunde. Wenn Sie also mit jemandem
sprechen und spüren, dass Ihre Blicke sich deutlich öfter
treffen und der Blickkontakt auch länger anhält, ist das ein
gutes Anzeichen dafür, dass nicht nur Sie Interesse haben.

Sicher kennen Sie Sätze wie „Die Augen sind der Spiegel der
Seele." Manche Menschen können ihre Gefühle sehr gut verbergen und haben ihre Körpersprache extrem unter Kontrolle. Allerdings ist es nahezu unmöglich, die Augen zu kontrollieren. Zwar können wir uns sogar
bei extremer Schüchternheit antrainieren, anderen bei Gesprächen lange
**Große Pupillen
wirken anziehend.**
in die Augen zu schauen – auch wenn es unangenehm oder
peinlich ist. Wir können uns ebenfalls antrainieren, wenig
zu blinzeln, um so Zeichen von Nervosität zu kaschieren
und generell unseren Status etwas anzuheben. Nicht beein-
flussen können wir aber, wie sich unsere Pupille verändert.
Bei Frauen ist die deutlichste Vergrößerung der Pupille zu
beobachten, wenn sie ein Bild von Mutter und Baby sehen,
gefolgt von Bildern, die nackte Männer darstellen; an dritter
Stelle folgen reine Baby-Bilder. Die Pupillen von Männern
zeigen – kaum überraschend – nur dann eine deutliche Vergrößerung, wenn sie das Bild einer nackten Frau betrachten.
Und große Pupillen wirken anziehend. In früheren Jahrhun-

Körpersprache

derten griffen deshalb Frauen zu Giften wie dem Tollkirschenextrakt, das sie sich in die Augen träufelten. Mit der sogenannten Belladonna wurde aus fast jeder Frau eine „bella donna", eine schöne Frau. Heute erreicht man das zumindest bei professionellen Fotos durch Retuschearbeit. In der Realität versucht es manche Frau damit, zuerst intensiv ins Licht zu sehen und dann den Blickkontakt mit dem Mann zu suchen. Durch das erst helle, dann dunkle Licht verengen sich die Pupillen zunächst, um sich dann sehr zu weiten.

Beim Flirten scheint sich ein Muster herauszubilden, das im Allgemeinen so funktioniert: Eine Frau blickt einen Mann an – ein klein wenig länger als zufällig. Der Mann spürt das und erwidert den Blickkontakt. Daraufhin senkt die Frau den Blick. Dieses Spiel wiederholt sich dann einige Male; je nachdem, wie schnell der Mann begreift und wie viel Zeit er braucht, um sich selbst zu einem Ansprechversuch zu überreden.

Wichtig ist die Länge des Blickkontakts. Erst Blicke von rund drei Sekunden nehmen wir bewusst wahr. Ruht der Blick dagegen länger auf dem anderen, etwa vier, fünf oder mehr Sekunden, wird es für ihn schnell unangenehm und er fühlt sich angestarrt. Länger könnten wir also nur jemanden betrachten, der es nicht merkt, weil wir außerhalb seines Wahrnehmungsfokus stehen.

Da Augen und Blicke so viel sagen, sollten Sie Ihre Sonnenbrille bei Flirtversuchen nicht aufgesetzt lassen. Das ist nicht nur unhöflich, sondern auch ungeschickt. Nur wenn Sie den anderen ein wenig verunsichern möchten, taugt das. Manche Leute machen das ja gerne.

Besonders wirksam scheint es zu sein, bei den ersten Blickwechseln die Augenbrauen zu heben. Vor allem wenn eine Frau das einem Mann gegenüber macht, scheint das wie auf Knopfdruck fast automatisch zu wirken.

Vermutlich steckt hier der gleiche Mechanismus dahinter, weshalb Frauen ihre Augenbrauen zupfen: Die Augen sollen damit größer erscheinen. Damit wird etwas Ähnlichkeit zu einem Babygesicht geschaffen – ähnlich, wie es bei blauen Augen und blonden Haaren ist – und beim Mann der Impuls ausgelöst, dieses Wesen ganz dringend beschützen zu müssen.

Einen ersten Blick, der bemerkt und erwidert wird, deuten übrigens generell beide Geschlechter als „zufällig". Ein zweiter Blick ist eine Interessensbekundung und wird von Männern in der Regel als Signal zur Kontaktaufnahme verstanden.

Testen Sie sich:
Wie gut verstehen Sie die Sprache der Blicke?

Anders als in der Realität können Sie sich bei dem folgenden Test, solange Sie mögen, auf den Ausdruck der Augen konzentrieren. Sie werden auch nicht durch andere Elemente der Körpersprache beeinflusst.

Kreuzen Sie einfach den Begriff an, der Ihrer Ansicht nach am besten oder am wahrscheinlichsten ausdrückt, was die Person gerade fühlt oder denkt.

Körpersprache

1

- ❏ zu Scherzen aufgelegt
- ❏ gereizt
- ❏ tröstend
- ❏ gelangweilt

2

- ❏ verängstigt
- ❏ arrogant
- ❏ fassungslos
- ❏ verärgert

3

- ❏ zu Scherzen aufgelegt
- ❏ sehnsüchtig
- ❏ aufgeregt
- ❏ überzeugt

Mit Blicken flirten | 77

4

- ❏ zu Scherzen aufgelegt
- ❏ amüsiert
- ❏ beharrlich
- ❏ entspannt

5

- ❏ verärgert
- ❏ besorgt
- ❏ sarkastisch
- ❏ freundlich

6

- ❏ entsetzt
- ❏ ungeduldig
- ❏ verträumt
- ❏ beunruhigt

78 ||| Körpersprache

7

- ❏ entschuldigend
- ❏ unsicher
- ❏ freundlich
- ❏ entmutigt

8

- ❏ mutlos
- ❏ schüchtern
- ❏ erleichtert
- ❏ aufgeregt

9

- ❏ verärgert
- ❏ entsetzt
- ❏ feindselig
- ❏ gedankenverloren

Mit Blicken flirten | 79

10

- ❏ vorsichtig
- ❏ gelangweilt
- ❏ beharrlich
- ❏ entsetzt

11

- ❏ verängstigt
- ❏ bedauernd
- ❏ amüsiert
- ❏ kokett

12

- ❏ gleichgültig
- ❏ skeptisch
- ❏ verlegen
- ❏ niedergeschlagen

Körpersprache

13

- ❏ entschlossen
- ❏ drohend
- ❏ vorausahnend
- ❏ schüchtern

14

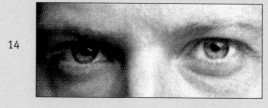

- ❏ gereizt
- ❏ deprimiert
- ❏ enttäuscht
- ❏ anklagend

15

- ❏ sinnend
- ❏ ermutigend
- ❏ nervös
- ❏ amüsiert

Mit Blicken flirten ||| **81**

16

❏ gereizt ❏ nachdenklich
❏ ermutigend ❏ teilnahmsvoll

17

❏ zweifelnd ❏ liebevoll
❏ zu Scherzen aufgelegt ❏ entsetzt

18

❏ entschlossen ❏ amüsiert
❏ entsetzt ❏ gelangweilt

82 ||| **Körpersprache**

19

- ❏ arrogant
- ❏ sarkastisch
- ❏ dankbar
- ❏ vorsichtig

20

- ❏ dominant
- ❏ schuldig
- ❏ freundlich
- ❏ schockiert

21

- ❏ verlegen
- ❏ verwirrt
- ❏ verträumt
- ❏ in Panik

Mit Blicken flirten | 83

22

- ❏ gedankenverloren
- ❏ beharrlich
- ❏ dankbar
- ❏ flehend

23
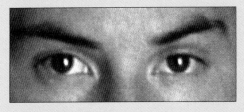

- ❏ zufrieden
- ❏ herausfordernd
- ❏ entschuldigend
- ❏ neugierig

24

- ❏ nachdenklich
- ❏ aufgeregt
- ❏ gereizt
- ❏ feindselig

84 | Körpersprache

25

- ❏ in Panik
- ❏ niedergeschlagen
- ❏ ungläubig
- ❏ interessiert

26

- ❏ beunruhigt
- ❏ feindselig
- ❏ schüchtern
- ❏ ängstlich

27

- ❏ zu Scherzen aufgelegt
- ❏ arrogant
- ❏ vorsichtig
- ❏ beruhigend

Mit Blicken flirten ||| 85

28

- ❏ zu Scherzen aufgelegt
- ❏ liebevoll
- ❏ interessiert
- ❏ zufrieden

29

- ❏ ungeduldig
- ❏ gereizt
- ❏ entsetzt
- ❏ nachdenklich

30

- ❏ dankbar
- ❏ feindselig
- ❏ kokett
- ❏ enttäuscht

86 ||| Körpersprache

31

- ❏ beschämt
- ❏ zu Scherzen aufgelegt
- ❏ zuversichtlich
- ❏ entmutigt

32

- ❏ ernst
- ❏ verwirrt
- ❏ beschämt
- ❏ beunruhigt

33

- ❏ verlegen
- ❏ verträumt
- ❏ schuldbewusst
- ❏ besorgt

Mit Blicken flirten ||| **87**

34

- ❏ entsetzt
- ❏ misstrauisch
- ❏ verblüfft
- ❏ erschrocken

35

- ❏ verwirrt
- ❏ beharrlich
- ❏ nervös
- ❏ nachdenklich

36

- ❏ beschämt
- ❏ argwöhnisch
- ❏ nervös
- ❏ unentschlossen

Körpersprache

Auflösung

1. zu Scherzen aufgelegt
2. fassungslos
3. sehnsüchtig
4. beharrlich
5. besorgt
6. verträumt
7. unsicher
8. mutlos
9. gedankenverloren
10. vorsichtig
11. bedauernd
12. skeptisch
13. vorausahnend
14. anklagend
15. sinnend
16. nachdenklich
17. zweifelnd
18. entschlossen
19. vorsichtig
20. freundlich
21. verträumt
22. gedankenverloren
23. herausfordernd
24. nachdenklich
25. interessiert
26. feindselig
27. vorsichtig
28. interessiert
29. nachdenklich
30. kokett
31. zuversichtlich
32. ernst
33. besorgt
34. misstrauisch
35. nervös
36. argwöhnisch

Auswertung des Tests:

Zählen Sie nun, wie oft Sie richtig lagen. Wenn Sie zwischen 22 und 30 Augenpaare richtig interpretiert haben, liegen Sie im Normbereich.

Kommen Sie darüber, verstehen Sie die Sprache der Augen überdurchschnittlich gut. Vielleicht sind Sie generell besonders gut im Entschlüsseln der Körpersprache.

Wenn Sie weniger als 22 Treffer haben, sollte Sie das anspornen, diese Fähigkeit ein wenig zu trainieren.

Plumpe und peinliche Signale vermeiden

Früher wurden Fächer und Taschentücher als feinsinnige und durchaus kunstvolle Kommunikationsformen eingesetzt, um amouröse Beziehungen zu knüpfen und zu vertiefen. Diese Raffinesse ist uns heute ein wenig verloren gegangen. Alles ist heute möglich – das stimmt. Doch nicht alles ist elegant.

Allgemein als nicht stilvoll gelten – egal ob bei einem Flirt oder in einer anderen Situation, die ein wenig Anspannung oder Nervosität mit sich bringt – körpersprachliche Ticks. Die meisten Menschen haben irgendeinen derartigen Tick. So etwas lässt sie in der Regel unsicher erscheinen und trägt nicht dazu bei, beim Flirten Spannung aufzubauen. Achten Sie darauf, ob Sie dazu neigen, folgende Dinge zu tun:

- ständig die Brille rücken,
- mit den Fingern trommeln,
- dauernd mit dem Schmuck spielen,
- permanent durch die Haare fahren,
- die Augen durch den Raum wandern lassen,
- mit den Füßen wippen,
- auf dem Stuhl hin- und herrutschen,
- dauernd an der Kleidung zupfen.

Gerade wer viele unnötige Bewegungen mit den Füßen macht, weist mit seiner Körpersprache darauf hin: „Ich will eigentlich ganz dringend und am besten sofort weg." Das ist kein hilfreiches Signal, um jemanden zu ermutigen, einen Kontakt aufzubauen.

Ganz plump: Wer auffällig einen Stift in der Hand dreht, mit einer Zigarette oder einem Feuerzeug spielt, mit der Hand immer wieder über das Ende des Seidenschals von oben nach unten streichelt oder Ähnliches, der setzt zwar deutliche Signale, die sicherlich auch Resultate bringen, mit elegantem Flirten hat das aber nur wenig zu tun.

Auffällige Berührungen etwa oder ein Streicheln von länglichen Gegenständen interpretieren Männer bewusst oder unbewusst als Zeichen, dass die Frau gerade erotische Gedanken hat. Verhält man sich so, wird man vermutlich bald angesprochen werden. In Flirtkursen für Männer werden diese geradezu darauf getrimmt, in einem solchen Fall auf die betreffende Frau zuzugehen. Sie ist ja ganz sicher interessiert.

Da Männer im Allgemeinen Körpersprache weniger gut verstehen als Frauen, müssen Frauen zwar durchaus deutliche Signale senden, damit der Mann, der sie interessiert, etwas aktiv unternimmt. Voraussetzung: Er hat verstanden, dass wirklich er gemeint ist, und hat Interesse, die Frau kennenzulernen. Andererseits ist dieses Signaleschicken natürlich umso eleganter und stilvoller, je subtiler und feiner die Signale sind.

||| Sich Zeit lassen

Wenn Sie ein wenig aus der Übung gekommen sind, lassen Sie sich Zeit, die Verhältnismäßigkeit von Aktion und Reaktion auszuprobieren und zu erforschen.

Das Äußere ist wichtig

Auch das Äußere ist eine Kommunikationsform. Wer trotzig behauptet, es komme doch letztlich auf die inneren Werte an, hat sicher recht. Er raubt sich aber selbst die Chance, dass seine wunderbaren inneren Werte entdeckt werden. Plump und ganz gewiss nicht stilvoll ist es, mit Kleidung zu deutliche erotische Signale zu senden. Wer als Frau mit tiefem Ausschnitt, durchsichtigem Oberteil, hervorblitzender Wäsche, eng anliegendem Rock (zudem einem Mini) und hohen Schuhen gekleidet ist, wird sicher an diesem Tag flirten oder auch mehr. Aber wen locken Sie damit an, für was und für wie lange? Ein knielanges, körperbetontes und ärmelloses Kleid ohne „Wurstpellen-Effekt" kann sowohl weiblich und subtil-erotisch als auch stilvoll aussehen.

Wer in alten Jeans und zerknittertem T-Shirt am Samstagmorgen schnell zum Einkaufen hastet, bevor er sich in Arbeitskleidung in den Garten stürzt oder die Malerrolle auspackt, und sich deshalb unsicher fühlt, weil sein absoluter Traumtyp nebenan in der langen Schlange an der Käsetheke steht, wird sicher nicht erfolgreich flirten. Wer sich dagegen in Jeans und altem T-Shirt wohlfühlt, der wirkt auch in Kleidung mit alten Farbflecken attraktiv und tritt selbstbewusst auf. Denn elegante Kleidung hilft zwar, einen stilvollen und guten Eindruck zu machen, ist aber kein Muss.

Wer glaubt, wenig Kleidung wirke besonders anziehend, irrt. Nicht nur, dass es einfach plump, eher billig und nicht besonders stilvoll wirkt, es funktioniert auch nicht sehr gut. Britische Psychologen haben nämlich im Jahr 2009 bei einer

Testreihe in Diskotheken festgestellt, dass ziemlich genau 60 Prozent Stoff am Körper die beste Wirkung beim anderen Geschlecht erzielt. Damit wird nicht alles verhüllt und versteckt, was verlocken könnte, aber doch mehr angedeutet als entblößt.

Wer in *einem* sexy Kleidungsstück wie etwa einer engen Hose, einem ausgeschnittenen Shirt oder einem figurbetonenden Rock ausgeht, der bekommt sicherlich Blicke und damit Aufmerksamkeit. Das ist prima so – nur übertreiben Sie es nicht, nach dem Motto: „Viel hilft viel." Das ist kontraproduktiv.

Eine Untersuchung mit verschiedenen Experimenten zeigte, dass Männer Frauen nicht nur dann als attraktiver beschrieben, wenn sie etwas Rotes trugen, sondern wenn in irgendeiner Form „Rot mit dabei" war. Das Bild einer Frau auf einem roten Sessel kam besser an als das gleiche Bild derselben Frau auf einem blauen Sessel.

Wie man selbst das Beste aus sich und seinem Typ macht, dafür findet man in jeder Frauenzeitschrift, im Internet oder bei einer Typberatung viele Anregungen. Probieren Sie es einfach aus!

Sollten Sie unsicher sein, wie stilvoll Ihre Kleiderwahl eigentlich ist, orientieren Sie sich besser nicht an Modezeitschriften oder Prominenten. Hier finden Sie eher kurzlebige Trends. Lesen Sie vielmehr Bücher wie „Der Gentleman", „Classy", „Kam, sah und siegte". Danach können Sie stilsicher Mode mit Klassischem für den eigenen Auftritt kombinieren.

Düfte dezent verwenden

Gerade für ein Rendezvous neigen viele – Männer wie Frauen – dazu, sich zu stark zu beduften. „Viel hilft viel" ist aber eine Devise, die eher das Gegenteil bewirkt. Denn Duftwolken sind nicht nur peinlich, sondern sie stoßen ab, egal wie gut der Duft sein mag. Wer ständig das gleiche Deo, Aftershave oder Parfum benutzt, stumpft gegenüber dem geschätzten Duft ab und muss die Dosen ständig erhöhen, um selbst noch etwas davon zu haben. Eine Duftpause oder eine Woche einmal etwas anderes zu nehmen, schafft die nötige Sensibilität. Das ist generell eine gute Entscheidung, beim Flirten umso mehr. Normalerweise nehmen wir ab rund einem Meter Abstand den Körpergeruch eines anderen Menschen wahr – unbewusst, versteht sich. Dieser ganz eigene Körpergeruch gibt unserem Unbewussten eine Reihe an Informationen über den anderen, auch über seine Gene. Menschen prüfen so, ohne dass sie es merken, ob sie ein gutes Paar ergäben und gesunde Nachkommen haben könnten. Nicht umsonst kennen wir Sprichwörter wie „Den kann ich nicht riechen." Wer mit künstlichen Gerüchen aus der Drogerie alles tötet, was es über ihn als Menschen zu sagen gäbe, ist selbst schuld.

Ihr Flirtpartner sollte Ihren Duft erst in Ihrer unmittelbaren Nähe wahrnehmen.

Pheromone, also Sexual-Lockstoffe, finden sich bei Mensch und Tier. Sie steuern das Verhalten. Über die Nasenschleimhaut wird ihre Botschaft direkt an das Limbische System geleitet: den Teil unseres Gehirns, der auch oft „Reptiliengehirn" genannt wird und für Instinkte steht. Er regelt nicht mit dem Willen steuerbare Dinge wie Hunger oder Müdigkeit und hat großen Einfluss auf die Kreativität, die Sympathie oder die Antipathie. Über 50 verschiedene Pheromone wurden inzwischen beim Menschen entdeckt. Die bekanntesten heißen „Kopuline" und „Androstene". In einem immer wieder zitierten Versuch wurden einige Stühle eines Wartezimmers mit männlichen Pheromonen besprüht. Und auf diese Stühle setzten sich überproportional viele Frauen. Dennoch ist es trotz aller Forschung noch nicht gelungen, ein Parfum oder einen künstlichen Stoff zu entwickeln, der quasi automatisch die Anziehungskraft auf das andere Geschlecht erhöht. Setzen Sie also auf Ihre eigene Anziehungskraft und dosieren Sie künstliche Gerüche sparsam.

Beim Flirten ist das Spiel von Nähe und Distanz wichtig. Ihr Gesprächspartner soll ja einen anderen Duft wahrnehmen, wenn Sie sich im Gespräch nähern oder miteinander tanzen. Ein hochwertiger Duft, der zu Ihrer Persönlichkeit passt, kann also durchaus ein verlockendes Signal sein. Preisgünstigere Düfte bestehen allerdings meist aus künstlichen Duftstoffen, die nach einigen Stunden eine unangenehme Note entwickeln. Kaufen Sie deshalb lieber ein hochwertiges Parfum und verwenden Sie es sparsamer und seltener.

Lächeln und Lachen einsetzen

Das Praktische beim Lächeln ist: Es wird fast immer und ganz automatisch erwidert. Vermutlich kopieren wir reflexartig und automatisch die Mimik des anderen. Kommunikationswissenschaftler sprechen hierbei vom Spiegeln. Durch die moderne Gehirnforschung weiß man auch, dass wir nicht

Lächeln und Lachen einsetzen | 95

nur lächeln, wenn wir uns gut fühlen, sondern dass es auch umgekehrt ist: Sobald wir lächeln, ändert sich unsere Stimmung und wir sind besser gelaunt als noch einen Augenblick zuvor. Bringen wir jemanden dazu, uns anzulächeln – einfach deshalb, weil wir damit angefangen haben –, so tun wir etwas Schönes für diese Person und haben zudem noch etwas Verbindendes geschaffen. Allein das kann schon ein kleiner, unverbindlicher und nonverbaler Flirt sein und vielleicht der Auftakt zu mehr.

Damit ein Lächeln beim Flirten wirkt, muss es eine Grundbedingung erfüllen: Es muss ein echtes Lächeln sein – auch wenn Sie gerade nur üben zu flirten und fürchterlich aufgeregt sind. Ein künstliches Lächeln, wie Sie es vielleicht in vielen beruflichen Situationen einsetzen, hilft hier noch weniger als sonst. Denn Menschen spüren ganz unbewusst, ob ein Lächeln ehrlich gemeint oder aufgesetzt ist. Wir können zwar mit unserem Willen die Muskeln steuern, die dafür verantwortlich sind, dass sich die Mundwinkel nach oben ziehen. Doch das reicht nicht, damit ein Lächeln beim anderen als „von Herzen kommend" empfunden wird. Dafür müssen die Augen mitlächeln. Und es gibt nur einen einzigen Muskel, der dafür verantwortlich ist, dass die Augen dies tun. Der lässt sich mit dem Verstand jedoch nicht steuern. Dieser Muskel arbeitet ganz von allein, sobald unser Lächeln wirklich echt ist.

Ein wirksames Lächeln muss echt sein.

Wenn Ihnen nicht so nach Lächeln zumute ist, weil Ihnen das Herz bis zum Hals klopft und Sie ganz fürchterlich angespannt sind, hilft nur Folgendes:

Einmal tief durchatmen, tief in den Bauch atmen. An etwas wirklich Schönes denken, sich einen Augenblick Zeit dafür lassen und spüren, wie die Erinnerung an diesen schönen Moment ein Lächeln entstehen lässt.

||| Lächel-Situationen schaffen

Wenn Sie öfters nervös sind, sollten Sie sich eine Situation schaffen, die Sie zum Lächeln bringt. Denken Sie immer wieder genau an diese eine Situation. Malen Sie sich diese ruhig auch zwischendurch, wenn Sie gerade nicht lächeln „müssen", mit allen Sinnen aus: Wie hat es damals dort gerochen? Was konnte ich hören? Wie sah es genau aus? Wie haben sich meine Gefühle im Körper angefühlt – Gänsehaut? Warm? Kalt? Damit machen Sie nichts anderes als eine Art klassischer Konditionierung. Sie trainieren sich mit der Zeit darauf, ein von Herzen kommendes Lächeln zu zeigen, wenn Sie nur ganz kurz an Ihre „Lächel-Situation" denken.

Paul Ekman, einer der bekanntesten Erforscher der Mimik, hat insgesamt 17 verschiedene Arten des Lächelns entdeckt. Zum Thema Flirten müssen wir nicht so viel wissen. Es gibt drei Möglichkeiten des Lächelns, die bei einem Flirt besonders häufig auftauchen.

Die drei Arten des Lächelns

1. Das geschlossene Lächeln

Der Mund bleibt geschlossen, ohne die Zähne zu zeigen, und verzieht sich leicht zu einem Lächeln. Die Augen lächeln

Lächeln und Lachen einsetzen | | | 97

mit. Gepaart mit einem kurzen Blick, der hin und wieder zurückgeht, kann das eine sehr geheimnisvolle Wirkung haben. Auf jeden Fall signalisieren Sie so Interesse.

2. Das offene Lächeln

Damit ist das typische strahlende Lächeln gemeint, das wir zeigen, wenn wir uns über etwas ganz besonders freuen. Für den Auftakt eines Flirts ist dieses Lächeln eher unpassend. Unterhalten Sie sich jedoch bereits miteinander, so können Sie damit ebenso Ihre Offenheit, Herzlichkeit und Ihr positives Wesen zeigen wie die Tatsache, dass Sie das Gespräch sehr genießen.

3. Das Lächeln in Stufen

Als besonders wirksam für einen Flirt oder zumindest für eine intensivere Begegnung erweist sich das Lächeln in einer Abstufung, das sogenannte geflutete Lächeln. Anstatt sofort zu lächeln, warten Sie ein wenig – warten darauf, was der andere sagt, lassen dann das Gesagte auf sich wirken und lächeln erst dann. Der Empfänger eines solchen Lächelns hat auf jeden Fall den Eindruck, er habe etwas wirklich Besonderes erhalten, etwas, das nur für ihn ist.

Lachen ist etwas Schönes und wirkt oftmals ansteckend. Gemeinsames Lachen verbindet zwei Menschen auf wunderbare Art. Kichernde Frauengrüppchen dagegen halten ziemlich sicher alle interessanten Männer im Umkreis von fünf Kilometern auf Abstand.

Auch beim Lachen ticken Männer und Frauen ganz unterschiedlich. Wissenschaftler der Stanford-Universität haben bewiesen, was die meisten schon ahnten: Männer und Frauen haben einen ganz unterschiedlichen Humor. Sie lachen über andere Dinge. Männer mögen eher Slapsticks und kurze Witze, Frauen eher Wortspiele und Comedy. Auch das Gehirn arbeitet dabei unterschiedlich. Bei Frauen ist sehr stark die Region miteinbezogen, die für Sprache und komplexe Analysen zuständig ist. Deshalb dauert es häufig auch länger, bis sie über etwas lachen können.

Warum Lächeln so wichtig ist

Um als Frau eine Flirtsituation elegant zu steuern, müssen Sie nur eines tun: einem Mann das Gefühl geben, seinen Mut zu belohnen und nicht zu bestrafen. Wenn Sie großartig aussehen und zu einer Uhrzeit in einer der besten Bars der Stadt sind, in der genügend los ist, dann werden Sie trotzdem von niemandem angesprochen, wenn Sie keinen Blickkontakt aufbauen und nicht lächeln. Und das ist auch gut so. Schließlich gibt es genügend Situationen, in denen Frauen gern allein sein möchten oder auf jemanden warten. Da wäre es dann ziemlich lästig, alle fünf Minuten von einem Mann angesprochen zu werden. Eine Reihe von Tests hat gezeigt, dass knapp zwei Drittel der Männer einen Versuch wagen, wenn die Frau einen Blickkontakt aufbaut. Lächelt die Frau zusätzlich zum Blickkontakt, erhöht sich die Quote auf rund 80 Prozent.

Übungen

- Gehen Sie in den nächsten Wochen immer mit dem festen Vorsatz aus dem Haus, den ersten Menschen, der Ihnen begegnet, strahlend anzulächeln. Schauen Sie die andere Person nur an, lächeln Sie und gehen dann weiter.

- Versuchen Sie in den nächsten Wochen, in ganz verschiedenen Gesprächssituationen darauf zu achten, ob die Augen Ihres Gesprächspartners mitlächeln. So trainieren Sie Ihre Wahrnehmungsfähigkeit und die Fähigkeit zu analysieren, ob jemand im Flirt mit Ihnen wirklich Interesse hat oder einfach nur höflich ist.

||| Tipp:

Beschäftigen Sie sich mit den Tipps der Pick-up-Artists, der Aufreißer. Studieren Sie genau, wie dort Körpersprache analysiert wird. Setzen Sie sich in ein Café oder in eine Bar, gehen Sie abends tanzen oder beobachten Sie andere Menschen. Versuchen Sie mit Ihrem nun neu erworbenen Wissen über Körpersprache und Flirten herauszufinden, wer hier wem ein Zeichen gibt.

Wie interpretieren Männer die Körpersprache von Frauen?

In Gebrauchsanleitungen für Männer, in denen steht, wie Männer mit einer Frau flirten oder, deutlicher, wie sie jede Frau „rumkriegen", stößt man auf lange Listen von Körpersprache-Signalen von Frauen. Solche Listen finden sich übrigens auch in den einschlägigen Internetforen oder den immer zahlreicher werdenden Flirtkursen für Männer. Diese Körperzeichen signalisieren angeblich, dass Frauen Interesse haben und darauf warten, angesprochen zu werden, oder – bereits im Gespräch – mehr erwarten.

Körpersprache

Die meisten Frauen, die diese Listen lesen, fühlen sich ertappt. Denn natürlich wird ein Großteil dieser Signale ganz unwillkürlich gesendet, Körpersprache ist eben sehr verräterisch. Es fragt sich, ob überhaupt und wenn ja, wie Sie sie gezielt einsetzen können und wollen. Hier ein kurzer Überblick über die Signale, die in den Listen am häufigsten genannt werden:

- Sie posiert anscheinend bewusst und steht oder sitzt so, dass die Silhouette ihrer Figur besonders gut zur Geltung kommt.
- Sie streicht sich (anscheinend) gedankenverloren über den Körper.
- Sie berührt sich immer wieder an Kinn und Wange.
- Ein hoher Muskeltonus, also Spannungszustand der Muskeln, bei übereinandergeschlagenen Beinen, sodass das obere Bein sich fest an das untere drückt.
- Sie bewegt immer wieder die Hand zum Dekolleté oder Hals.
- Sie legt den Kopf immer wieder schräg und präsentiert dadurch Hals und Nacken.
- Sie streicht sich oft über das Haar, wickelt eine Strähne um ihren Finger oder schiebt das Haar immer wieder hinter ihr Ohr zurück.
- Sie spiegelt die Bewegungen des Mannes: Greift er etwa zu seinem Glas, nimmt sie kurz darauf das ihre und trinkt ebenfalls.
- Eine Hand liegt auf dem Oberschenkel.
- Der Kopf wird zurückgeworfen.
- Die Hüften schwingen beim Gehen etwas mehr als noch einen Augenblick zuvor.
- Sie lacht viel, wenn er etwas erzählt.

Wie interpretieren Männer die Körpersprache von Frauen? 101

- Sie ändert immer wieder die Haltung der Beine: Schlägt sie übereinander und öffnet sie, um sie dann kurz darauf wieder übereinanderzuschlagen.
- *Lip Pout:* Dabei werden die Lippen zunächst leicht zusammengepresst und dann nach vorne geschoben. Sie wirken dadurch voller und erotischer.

Wie so oft, kommt es auch hier auf die Dosis an. Wer ständig die Beine öffnet und die Hand ans Dekolleté legt, dabei den Kopf noch ein wenig schräg hält und sich über die Lippen leckt, signalisiert deutlich: Ich möchte heute unbedingt jemanden mitnehmen – und zwar möglichst schnell. Wer aber vorsichtig und wohldosiert seine Körpersprache einsetzt, kann damit durchaus stilvoll spielen.

Anscheinend beugen Frauen, die bei ihrem Flirt ein deutliches sexuelles Interesse haben, auch häufiger ihren Oberkörper nach vorn und neigen ihren Kopf sowohl öfter als auch länger. Sich durch die Haare zu streichen, sie zur Seite zu schieben oder zurückzuwerfen – in der Fachliteratur als Hair Flip bezeichnet –, ist hingegen ein durchaus widersprüchliches Signal. Oft gar nicht als solches empfunden, deuten es Männer eher negativ, eher als Zeichen von Unsicherheit denn als Flirtsignal.

Die unterschiedlichsten Experten für Körpersprache erwähnen immer wieder etwas scheinbar Frauentypisches, den sogenannten Handgelenksschwung. Hier bewegen Frauen ihre Hände und Arme immer wieder so, dass sie das Innere der Handgelenke, also die Stelle, an der der Puls sitzt, nach außen drehen.

Körpersprache

In unzähligen Versuchen aus verschiedenen Ländern mit Hunderten von Stunden Videoaufzeichnungen versuchte man, die Mechanismen herauszufiltern, die einen Mann eine Frau ansprechen lassen. Dafür scheinen bereits sehr wenige Signale auszureichen – vor allem ein Blickkontakt samt Lächeln. Dazu kommen noch ein oder zwei andere Signale, die möglicherweise gar nichts mit dem jeweiligen Mann zu tun haben, sondern einfach nur eine Abweichung von der normalen Ruhestellung sind. Männer denken dann schnell, die Frau sei interessiert. Und einmal in diesem Glauben nehmen sie Zeichen der Ablehnung, wie ein Wegdrehen des Oberkörpers, nicht mehr ernst. Erst bei mehreren ablehnenden Signalen kommt diese Botschaft dann allmählich an.

Lassen Sie Ihren Körper sprechen: Stilvolle Menschen werden Ihre Signale deuten können.

Körpersprache bewusst einsetzen

- Zeigen Sie Präsenz. Gehen Sie selbstbewusst und aufrecht mit gerader Haltung durch einen Raum.
- Achten Sie darauf, dass Ihre Körpersprache offen ist, dass Sie keine verschränkten Arme oder einen ständig gesenkten Blick haben.
- Zeigen Sie Ihre Lebendigkeit: Lachen Sie, bewegen Sie sich, ohne dabei hektisch zu sein.
- Zeigen Sie, dass Sie Freude daran haben, Aufmerksamkeit zu erhalten.
- Achten Sie auf Ihre Körpersprache und probieren Sie sich ein wenig in Details aus.
- Bleiben Sie authentisch: Was immer Ihre Freundin für Strategien und Signale hat, wenn Sie diese nicht mögen

oder wenn sie nicht zu Ihrer Persönlichkeit passen, haben Sie keinen Erfolg damit.

- Stellen Sie sich bei einem ersten Kontakt möglichst nicht frontal, sondern in einem leichten Winkel zu Ihrem Gegenüber. Es wirkt sonst sehr schnell bedrohlich.

||| Tipp:

Viele Menschen behaupten, man erfahre einiges über die Persönlichkeit eines Menschen, wenn man ihn beim Essen beobachte. Schneidet jemand mit aggressiven Gesten und viel Kraft sein Schnitzel, traut man ihm auch sonst nicht viel Feingefühl zu. Schiebt sich jemand schon den nächsten Bissen auf die Gabel, obwohl er noch kaut, lässt er sich wohl auch bei anderen Genüssen keine Zeit.

Wie verstehen Frauen die Körpersprache von Männern?

Während man zur Analyse der weiblichen Körpersprache beim Flirten unendlich viel Material findet, sieht es anders herum eher dürftig aus. Bei Männern scheint die Köpersprache einfacher ausgeprägt zu sein. Sie ist dadurch aber auch weniger missverständlich und wird fast nie gezielt eingesetzt. Mit anderen Worten: Bereits ein kleines Anzeichen wie beispielsweise ein nicht wirklich herzliches Lächeln, das eben nicht die Augen erreicht, bedeutet schon: Ich bin nur höflich, aber nicht interessiert. Und unterhält sich ein Mann mit einer Frau in einem Buchladen oder in einer

Bar, wendet ihr aber nur den Kopf und nicht den Oberkörper zu, dann ist er einfach nicht interessiert. Männer warten nicht gezielt ab, um zu sehen, was folgt, und sie spielen nicht absichtlich den Beschäftigten, um interessanter zu wirken. Sie spiegeln anscheinend einfach das, was gerade in ihnen vorgeht. Deshalb ist es für Männer auch so schwierig zu erkennen, ob eine Frau nur die Zurückhaltende gibt, damit er sich ein wenig ins Zeug legt, oder ob sie wirklich zurückhaltend ist. Aber natürlich beschäftigen sich heute, allein schon aus beruflichen Gründen, immer mehr Männer mit Körpersprache.

Wenn Sie als Frau also das Gefühl haben, Sie empfingen mehrere unterschiedliche Signale, versucht der Mann möglicherweise, seine Körpersprache zu kontrollieren und etwas zu verbergen. Doch leider gibt es außer einem nicht echten Lächeln nur wenige Dinge, durch die Sie klar erkennen könnten, was im Inneren eines anderen vor sich geht. Körpersprache lässt sich nicht so leicht eins zu eins übersetzen. Nicht nur, dass jeder Mensch bestimmte Gesten und Haltungen anders darstellt, bei der Bewertung einer Haltung oder Bewegung kommt es auch sehr auf die Umstände an. Vor dem Körper verschränkte Arme werden sehr oft als Zeichen von Verschlossenheit oder Abwehr gedeutet. Es könnte aber genauso gut sein, dass derjenige einfach Rückenschmerzen hat, ihm gerade kalt ist oder er einen Fleck auf seiner Krawatte verstecken möchte. Insofern müssen immer mehrere körpersprachliche Zeichen zusammenwirken, die das Gleiche oder etwas Ähnliches bedeuten, um eine eindeutige

Die „echte" Körpersprache findet unterhalb der Gürtellinie statt.

Wie verstehen Frauen die Körpersprache von Männern?

Botschaft zu vermitteln. Außerdem konzentrieren sich die meisten Menschen auf ihre Körpersprache oberhalb des Gürtels und vergessen dabei zum Beispiel die Richtung der Fußspitzen oder wippende Füße. Auch dieses Wissen kann Ihnen möglicherweise beim Entschlüsseln von körperlichen Signalen helfen.

Um die Aufmerksamkeit einer Frau auf sich zu lenken, machen Männer gerne Folgendes:

- Sie verschränken die Arme hinter dem Kopf, sodass die Achselhöhlen in Richtung Betrachter zeigen. Eine Dominanz- und Imponiergeste.
- Sie fahren sich durch die Haare.
- Männer fangen im Stehen oft unwillkürlich an, das Becken nach vorn zu schieben, gelegentlich wippen sie dabei mit den Füßen auf und ab.
- Sie machen sogenannte autoerotische Ersatzhandlungen, greifen also öfter zum Glas, rauchen mehr, essen schneller, nehmen öfter etwas von dem Knabberzeug an der Bar.
- Sie streichen über ihre Kleidung.
- Sie krempeln die Ärmel hoch und halten dabei Blickkontakt.

Sich unwillkürlich durch die Haare zu fahren scheint eine Geste zu sein, die Männern und Frauen gemeinsam ist. Interessanterweise unterscheidet sich jedoch die Art, wie sie das machen. Männer halten die Arme dabei höher, präsentieren deutlich die Achseln und richten sich dabei auch noch mehr auf. Wissenschaftler vermuten, Männer versuchten mit diesem Verhalten unbewusst, größer, stärker und mächtiger zu wirken.

Männer, die keine körpersprachlichen Reaktionen zeigen, müssen nicht unbedingt uninteressiert sein – selbst wenn dies von den Frauen meist so wahrgenommen wird. Dass sie Signale des Körpers zurückhalten – was ja seinerseits auch ein Signal ist –, scheint vielmehr ein Zeichen dafür zu sein, dass Männer sich in dieser Situation unterlegen fühlen. Bevor sie eher negativ bewertet werden oder einem Vergleich nicht standhalten können, tun sie lieber nichts und verfallen in eine Art Starre.

„Zufällige" Berührungen stilvoll inszenieren

Beim Händedruck die Hand des anderen nur eine Winzigkeit länger als üblich festzuhalten schafft auf jeden Fall Aufmerksamkeit. Es muss nicht als Flirtsignal interpretiert werden, manche Menschen sind generell einfach sehr intensiv und präsent bei einer Begrüßung. Dennoch: Probieren Sie es aus!

Im Allgemeinen spiegeln Menschen, die eine gute Chemie zueinander haben – egal ob beruflich, privat oder in einem Flirt –, häufig die Körpersprache des anderen. Wenn beide etwas zu trinken haben, greifen sie nahezu gleichzeitig zum Glas. Die Haltung des Körpers gleicht sich an, auch wenn einer der beiden einen Haltungswechsel vornimmt. Schlägt etwa der eine die Beine übereinander, dauert es nicht lange, bis der andere ihm folgt.

Das lässt sich natürlich auch ganz bewusst für einen Flirt und eine „zufällige" Berührung nutzen: Wenn Sie beide etwa gleichzeitig zum Milchkännchen auf dem Tisch greifen,

„Zufällige" Berührungen stilvoll inszenieren

können sich schon einmal für einen Augenblick Ihre Finger berühren. Achten Sie unbedingt auf die Reaktion des anderen. Sie ist ein guter Hinweis dafür, ob der andere Interesse an mehr Kontakt hat. Oder reichen Sie Ihrem Gegenüber etwas und lassen dabei Ihre Finger oder Ihre Hand einen Moment lang den Kontakt mit der anderen Hand halten. Auch das hat Stil.

Plump sind hingegen Versuche, ganz zufällig mit dem anderen zusammenzustoßen. Das sollten Sie nicht tun – Sie können das eleganter.

Wo lerne ich Menschen mit Stil kennen?

Interessante Menschen gibt es überall und jederzeit. Wenn Sie jedoch gezielt auf der Suche nach einem stilvollen Partner sind, verbringen Sie möglichst viel Zeit an Orten, die durch ein stilvolles Ambiente und kultivierte Menschen aus der Masse aller Möglichkeiten herausstechen.

Wenn Sie auf der Suche nach einem Mann sind, so ist der wöchentliche Bauchtanzkurs bestimmt sehr nett, um etwas für Ihre Figur zu tun oder sich auch wieder einmal erotisch zu fühlen. Um einen Mann zu finden, ist er ebenso unsinnig wie der Kurs „Quilt-Techniken für Fortgeschrittene". Er führt Sie zwar vielleicht wieder zu Ihrer kreativen Seite, die dann durchaus förderlich für die Entwicklung Ihrer Flirt-Techniken ist, doch einen Mann treffen Sie hier vermutlich selten. Auch ein Urlaub auf der Beauty-Farm oder im Ayurveda-Resort in Südindien tut Ihrem Körper und Ihrer Seele zwar sicher sehr gut – interessante Frauen lernen Sie dort auf jeden Fall kennen, Männer werden Sie nur in Begleitung finden.

Unterwegs

Nur 8 Prozent der Frauen und 5 Prozent der Männer sind nach einer Umfrage von „Men's Health" nie zu einem Flirt im Auto aufgelegt. Abends mögen es fast dreimal so viele wie morgens. Es überrascht kaum, dass die meisten im Stau oder an roten Ampeln im Auto flirten. Doch auch wer nicht mit dem Auto, sondern mit öffentlichen Verkehrsmitteln unterwegs ist, hat gute Flirtchancen. Hier sollte es sogar noch einfacher gehen, schließlich könnte man sogar miteinander sprechen. Bei einem Flirt im Auto bleibt es meist bei einer einmaligen Begegnung und nonverbaler Kommunikation – es sei denn, sie halten gerne ein Pappschild mit Telefonnummer an die Wagenscheibe. Wenn Sie so etwas tun, dann achten Sie bitte wenigstens darauf, dass es nicht vorbereitet aussieht. Oder üben Sie lieber, in Spiegelschrift zu schreiben, dann können Sie die Nummer auch auf die Scheibe schreiben. So ergibt das zumindest eine witzige Szene.

Wie immer gilt auch hier: Bemühen Sie sich – falls Sie beide mit offenen Fenstern fahren – nicht krampfhaft um originelle Sätze. Tauschen Sie Blickkontakt aus und lächeln Sie. Das sollte genügen. Es ist ja nur ein Flirt – einfach so. Nehmen Sie das locker und amüsieren Sie sich.

In der Straßenbahn, beim Check-in am Flughafen oder im Bordrestaurant des ICE können Sie immer einen kurzen Satz sagen zu dem, was gerade passiert. Kommen Sie also in letzter Sekunde angesaust und fangen einen amüsierten Blick auf, so lächeln Sie einfach zurück und sagen: „Das war knapp." Nein, das ist nicht besonders originell, das soll es auch gar nicht sein. Jetzt geht es auch nur darum, gegenseitig zu prüfen: Wollen wir kurz miteinander plaudern oder nicht?

Alltägliche Situationen bieten zahlreiche Flirt-Chancen.

Philosophische Grundsatzdebatten über das Thema Zeit oder die Frage, wie man im täglichen Leben nach dem Motto ‚Wenn du es eilig hast, gehe langsam' zu leben schafft, dürfen später kommen.

Beim Einkaufen

In vielen Großstädten hält sich hartnäckig das Gerücht, dass sich viele Singles im Bio-Markt kennengelernt haben. Wie dem auch sei, hier trifft man zumindest eher Menschen, die sich bewusst ernähren, als im Discounter. Und grundsätzlich scheinen die Läden des täglichen Bedarfs, egal ob Supermärkte oder der kleine Laden um die Ecke, auch gern zum Flirten genutzt zu werden. Denn hier besteht die Chance, dass unser Flirtpartner nicht so weit weg wohnt und uns hier vielleicht sogar wiederbegegnet.

In kleineren, spezialisierten Geschäften können Sie immer eine Frage oder einen Kommentar zu einem Wein beim neuen Weinhändler, zum verführerischen Schafskäse des Käsehändlers auf dem Wochenmarkt oder dazu, ob der neue Gemüsehändler um die Ecke nicht bald Artischocken haben müsse, anbringen. Nichts ist harmloser und kann dennoch so wunderbar in einen kleinen, unverbindlichen Flirt führen wie ein kurzer Austausch über kulinarische Genüsse. Begeistern sich zwei für gutes Essen, so ist schnell eine gemeinsame Ebene gefunden, die nach Tipps zu weiteren Einkaufsmöglichkeiten, dem neuen tollen Bio-Lieferservice oder den aktuellen Sushi-Kursen schreit und damit unbedingt die Herausgabe der Telefonnummer verlangt.

Beim Einkaufen ||| 111

Je spezialisierter ein Geschäft ist, desto aufgeschlossener scheinen die Menschen für Gespräche mit Fremden zu sein. Unterhalten sich in großen Buchhandlungsketten kaum Kunden miteinander, so kann man voll Staunen beobachten, wie offen Besucher von kleinen, vielleicht auf Reiseliteratur oder Kulinarisches spezialisierten Buchläden miteinander umgehen. Hier kommt man fast zwangsläufig ins Gespräch und tauscht Erfahrungen und Tipps aus. Vielleicht ist es die Größe der Supermärkte und Ketten, die genauso in die Anonymität treibt wie die großen Städte – kleine Geschäfte bilden eher eine dörfliche Struktur ab, die immer nach Kontakt und Klatsch sucht.

Immer für einen Flirt gut: alltägliche Situationen wie der Einkauf.

Passende Sätze könnten beispielsweise sein:

- „Sie blättern gerade im Buch ‚Überleben im Regenwald' – haben Sie schon einmal so einen Survival-Trip gemacht?"
- „Ich sehe, dass Sie mehrere Golf-Reiseführer in der Hand haben. Können Sie mir einen Reiseanbieter empfehlen? Ich habe zwar mit dem Golfspielen angefangen, aber noch nie so eine Reise gemacht."

Bei kulturellen Veranstaltungen

Kunstausstellungen, Theater, Oper, Lesungen: Jede kleinere und größere Stadt bietet eine Menge an Unterhaltungsmöglichkeiten. Machen Sie aber nicht den Fehler, ständig mit Ihrer besten Freundin oder Ihrem besten Freund auszugehen. Gehört Ihre engste Kontaktperson dem anderen Geschlecht an, werden Sie oft für ein Paar gehalten. Doch auch zwei Frauen unterwegs wirken auf die meisten Männer eher einschüchternd. Darüber hinaus sind Sie dann meist in Gespräche vertieft und merken gar nicht, wer noch alles da ist.

Gehen Sie ohne Begleitung zu kulturellen Veranstaltungen.

Natürlich es ist keine gute Idee, während einer Arie mit dem attraktiven Sitznachbarn eine Diskussion über die Qualität der Sängerin zu führen. Aber ein charmantes Lächeln und ein freundlicher Gruß beim Ankommen, ein Kommentar zur Inszenierung, sobald die Pause beginnt und das Licht angeht, sind ein guter Anfang. Möglicherweise können Sie danach das Gespräch fortsetzen, während Sie rein zufällig gemeinsam beim Sektstand anstehen.

Doch auch wenn Sie mit niemandem sprechen: Dann haben Sie sich vielleicht einfach gut amüsiert, gewöhnen sich wieder daran, alleine auszugehen, und tun das mit steigendem Selbstbewusstsein. Außerdem haben Sie morgen bei der Arbeit oder bei dem nächsten Plausch in der kommenden Woche ein wunderbares Small-Talk-Thema und entdecken dabei, dass der nette Nachbar auch ein Liebhaber klassischer Musik ist.

Durch Bildung und Wissen

Das ist das Beste, was Sie für sich tun können, gerade wenn Sie frisch getrennt sind: Machen Sie interessante Dinge, lernen Sie etwas Neues oder vertiefen Sie Ihr Wissen. Sorgen Sie dafür, dass Sie nicht zu viele Abende allein zu Hause verbringen. Der wöchentliche Kurs „Französisch für Anfänger" am Dienstagabend kommt da genauso gelegen wie ein Wochenend-Seminar „Zeitmanagement" oder „Erfolgreich verhandeln". Auch Kurse wie „Wein und Schokolade", „Aquarell für Anfänger" oder „Porträtfotografie" bringen spannende Abwechslung. Alles, was Sie für sich persönlich oder Ihren Beruf gebrauchen können, ist wunderbar – auch ohne zusätzliche Absicht. Als kleines Extra lernen Sie bei den Kursen neue Menschen kennen und erweitern damit Ihr Netzwerk. Vielleicht gewöhnen Sie sich auch einfach wieder daran, alleine unterwegs zu sein und auf fremde Menschen zuzugehen.

Je nachdem, welche Art von Kurs Sie wählen, besteht zudem immer die Chance, einen interessanten Partner kennenzulernen. Die meisten Seminare, die sich um Sprachen, Krea-

Wo lerne ich Menschen mit Stil kennen?

tives oder Soft Skills, also soziale Fähigkeiten, drehen, besuchen überwiegend Frauen. Anders verhält es sich bei Kursen mit dem Zusatz „Führung" oder „Management". An einem reinen Sprachkurs „Englisch" nehmen hauptsächlich Frauen teil, an „Englisch für Führungskräfte" oder noch besser „Verhandeln auf Englisch für Führungskräfte" auch viele Männer. Genauso sieht es bei einem Kurs „Zeit- und Selbstmanagement" aus: Hier kommen mindestens 70 Prozent Frauen. Doch im parallel laufenden Kurs „Stressmanagement für Manager" werden Sie nur wenige Frauen finden. Es liegt also an Ihnen, wie Sie sich Ihre Kurse aussuchen, ob Sie nur nach dem Inhalt gehen oder auch überlegen, welches Publikum wohl darin zu finden ist. Das hört natürlich nicht mit der Frage auf, ob dort mehr Frauen oder Männer sind. Jeder Anbieter von Weiterbildungen hat ein bestimmtes Image, das durch die Präsentation zum Beispiel einer Homepage genauso wie vom Preis bestimmt wird und damit ein mehr oder weniger gehobenes Publikum anzieht.

Natürlich bieten wöchentliche Kurse die beste Gelegenheit, jemanden über einige Zeit zu beobachten und kennenzulernen. Hier gibt es unendlich viele Möglichkeiten, sich miteinander zu unterhalten.

Doch Sie können noch viele weitere Möglichkeiten nutzen, um nette Menschen zu treffen:
- Bildungsreisen und Bildungsurlaub,
- Vorträge,
- Fachmessen,
- Stadtführungen zu bestimmten Schwerpunkten,
- Workshops zu digitaler Fotografie …

Hier brauchen Sie sich keine Gedanken darüber zu machen, was Sie als ersten Satz sagen. Gemeinsames Arbeiten bietet unzählige Möglichkeiten, den anderen zu fragen, wie er mit der heutigen Herausforderung zurechtgekommen ist, wie lange er sich schon mit dem Thema beschäftigt, wie ihm der Kurs gefällt und so weiter. Das sind ganz normale Fragen, die Sie jedem stellen können, Mann oder Frau, interessant oder nicht interessant. Die Beschäftigung mit einem für beide faszinierenden Thema ist immer ein guter Ausgangspunkt für mehr.

Beim Sport

Es ist wunderbar, wenn Sie Sport treiben, keine Frage. Als Übungsplatz zum Flirten oder zur Partnersuche ist Sport jedoch nur bedingt geeignet. Treiben Sie Sport im Verein, spielen Sie in einer Mannschaft und nehmen Sie an vielen Wettbewerben und Aktivitäten teil, dann können Sie sich sicher bei zahllosen Gelegenheiten mit anderen Menschen unterhalten, sie kennenlernen und vielleicht auch mit ihnen flirten. Sie haben von Anfang an eine verbindende Gemeinsamkeit, die alles viel einfacher macht. Gerade in Mannschaften und Vereinen gibt es zudem gute Netzwerke, auf die Sie zurück-

Vor allem beim Sport im Verein lernen Sie viele neue Menschen kennen.

greifen können, wenn Sie etwas über jemanden erfahren möchten, der Ihnen aufgefallen ist. Irgendjemand wird Ihnen schon sagen können, ob der gut aussehende Trainer glücklich verheiratet und gerade Vater des dritten Kindes geworden ist.

Schwierig ist es hingegen mit Sportarten wie Golf oder auch im Fitness-Studio. Die meisten Menschen, vor allem Männer, versenken sich oft so voller Ehrgeiz in ihr Training, dass nicht mehr sehr viel Aufmerksamkeit für anderes bleibt. Sie wollen auch nicht gestört werden. Es gibt jedoch auch im Fitness-Studio einige Gelegenheiten, ins Gespräch zu kommen: beispielsweise der wöchentliche „Fatburner"-Kurs. Hier können Sie vor oder nach der Stunde mit den Teilnehmern ein kleines Gespräch beginnen. Auch bei einem Imbiss auf der Terrasse oder an der Bar des Golfclubs finden Sie unendlich viele Möglichkeiten, um über das Spiel, über Turniere, über das Wetter oder viele andere Themen zu reden.

Durch Engagement

Im Auftrag von „chrismon" hat Emnid eine repräsentative Umfrage zum Thema „Was raten Sie jemandem, der die große Liebe finden will?" durchgeführt. 27 Prozent der Befragten glauben, man solle nicht suchen, die große Liebe komme von allein. Fast ebenso viele (25 Prozent) meinen generell, „viel ausgehen" sei hilfreich. Doch auf Platz eins landete mit 35 Prozent „Sich engagieren, damit man Menschen trifft". Das ist tatsächlich eine gute Idee. Schließlich können Sie ziemlich sicher sein, hier hauptsächlich Menschen zu begegnen, die ähnliche Werte wie Sie selbst haben. Wenn Sie also immer schon gedacht haben, Sie sollten sich mehr in die Politik Ihres Heimatortes einmischen oder sich ein wenig öfter in Ihrer religiösen Gemeinschaft betätigen, haben Sie nun gleich mehrere Gründe dafür. Wer sich engagiert, fühlt sich grundsätzlich besser – das hat eine

Reihe von Untersuchungen gezeigt. Wir tun etwas Gutes für andere und damit auch für uns. Es gibt dem Leben mehr Sinn und macht Freude, lässt uns weniger als Opfer der Umstände leben, sondern als aktiv gestaltender Mensch. Egal, ob Sie dabei zum Flirten kommen oder nicht: Sie werden auf jeden Fall Ihr soziales Netzwerk erweitern und damit auch die Chance, jemanden kennenzulernen.

Beim Tanzen

Tanzkurse und Tanzveranstaltungen, Bälle oder Diskos – Möglichkeiten zum Tanzen gibt es viele. Diskotheken sind allerdings kein geeigneter Ort zum Flirten – sich gegenseitig ins Ohr zu brüllen macht nur hartgesottene Musikfans an. Gehen Sie lieber alleine oder mit Freunden in eine Diskothek, weil Sie sich beim Tanzen ein wenig austoben möchten und allein daran Freude haben. Zum Flirten und Anbändeln gibt es bessere Möglichkeiten – auch wenn Tanzen natürlich körpersprachliche Flirtmöglichkeiten bietet! In den letzten Jahren ist Tanzen wieder so in Mode gekommen, dass es für jeden Geschmack und für jedes Alter Tanzkurse und Tanzschulen gibt. Von Hip-Hop- über Salsa- und Tango- bis hin zu Standardkursen: Sie finden alles. Und die meisten Tanzschulen helfen dabei, einen geeigneten Tanzpartner zu finden, wenn Sie allein hingehen.

Sobald Sie in eine der Tanzszenen eintauchen, eröffnet sich eine eigene Welt mit Kursen, Kleidung, Veranstaltungen, Festen und Bällen. In Berlin beispielsweise finden Sie die größte Tango-Szene Deutschlands, manche sagen sogar

118 ||| Wo lerne ich Menschen mit Stil kennen?

die größte nach Buenos Aires. An jedem Abend in der Woche können Sie Tango tanzen gehen. Tango-Reisen werden ebenso angeboten wie festliche Bälle zu Silvester oder Fasching, und in Spezialgeschäften finden Sie die geeigneten Schuhe und Kleidung. Die Salsa-Szene steht dem in fast nichts nach, und immer neue Strömungen bieten zusätzliche Möglichkeiten für jeden, der sich gerne zu Musik bewegt. Auch wer es klassisch-elegant mag, wird fündig werden: Bälle, richtige Bälle, zu denen Männer in dunklem Anzug oder Smoking erscheinen und Frauen Ballkleider tragen, sind seit einigen Jahren absolut in Mode. Jede Tanzszene stellt eine eigene Subkultur dar mit bestimmten Ritualen, Codes und Kleidungsstilen.

Hier kommt man sich näher: Beim Tanzen lernt man einen Menschen besser kennen, als man glaubt.

(Fast) allen gemein ist, dass man sich recht leicht im wahrsten Sinn des Wortes näherkommen kann. Selbst bei klassischen Bällen und Tanzveranstaltungen ist es nicht unüblich, dass Frauen Männer zum Tanzen auffordern – nicht nur dann, wenn Damenwahl angesagt ist. Doch in den verschiedenen Szenen tummeln sich nicht nur unterschiedliche Menschen, auch die Umgangsformen unterscheiden sich. Wer Lust auf Musik und Tanz hat, wird durch ein wenig Beobachtung schnell lernen, was jeweils üblich ist im Miteinander, beim Auffordern, beim Zur-Tanzfläche-Gehen, beim Zurückgehen … Selbst bei den ganz klassischen Bällen fragt heute kaum noch jemand: „Darf ich bitten?", ein „Möchten Sie mit mir tanzen?" oder „Haben Sie Lust auf einen Walzer?" reicht völlig aus. Über einen ersten Satz müssen Sie sich hier wirklich keine Gedanken machen. Ein Flirt beginnt hier oft mit Blicken, mehrfachem Auffordern und langen Tanzserien.

Nirgendwo sonst haben Sie eine so gute Gelegenheit zu überprüfen, wie viel Takt- und Feingefühl jemand hat. Ein fremder Tanzpartner, der Sie zu wilden Schrittkombinationen zwingt, bei denen Sie sich wie ein durch die Luft gewirbeltes Bündel fühlen, verheißt nichts Gutes. Oder jemand, der Sie nach zwei Tänzen mit einem Nicken entlässt, sich weder bedankt noch Sie wieder zu Ihrem Platz führt. Dem sollten Sie nicht nur beim Tanzen aus dem Weg gehen.

Apropos Takt: Damen verhalten sich takt- und stillos, wenn sie einem auffordernden Herrn einen Korb geben und dann mit dem Nächsten tanzen, der fragt. Das dürfen Sie nur, wenn Sie den folgenden Tanz schon versprochen hatten.

Und das sollten Sie dann dem Abgewiesenen auch sagen! Grundsätzlich dürfen Sie natürlich jeden Tanz ablehnen. Sagen Sie einfach, dass Sie gerade eine Pause machen – aber bleiben Sie auch dabei. Nichts ist verletzender, als eine Ablehnung für einen Tanz zu bekommen und die Dame dann eine Minute später mit einem anderen über die Tanzfläche schweben zu sehen. Möglicherweise findet frau das in dem Augenblick toll, weil sie es so geschafft hat, endlich mit dem Wunschpartner loszulegen – doch jeder, der das beobachtet hat, wird sich seinen Teil denken und den Stempel „herz- und stillos" verteilen. Das dürfte es dann erst einmal mit dem Flirten gewesen sein.

Übrigens: Wenn Sie in Begleitung unterwegs sind und von einem anderen aufgefordert werden, dann ist ein kurzer Kommentar zu Ihrer Begleitung nett: „Ich bin gleich wieder da", „bis dann …"

Warum nicht mehr Männer tanzen lernen, die gerne flirten möchten oder eine Partnerin suchen, bleibt mir vermutlich für immer ein Geheimnis. Es gibt dabei oft weniger Männer als Frauen; vor allem nicht so viele Männer, die einigermaßen gut tanzen. Umso begehrter sind diese Exemplare dann. Besonders beliebt sind diejenigen, die nicht nur gut tanzen können, sondern sich dabei auch noch höflich benehmen. Dazu gelten bei den meisten Tanzveranstaltungen für kultivierte Erwachsene folgende Grundregeln:

- Gehen Sie zu Ihrem gewünschten Tanzpartner hin und fragen Sie, ob er oder sie tanzen möchte. Nur Blickkontakt oder Winken aus der Ferne kommt bei kultivierten Frauen nicht so gut an.

Beim Essen und Trinken | 121

- Ein „Hallo" oder Ähnliches schadet meistens nicht.
- Vergraben Sie Ihre Hände beim Auffordern nicht in den Hosentaschen. Das ist eine Geste, die nach den Umfragen der letzten Jahre immer noch schlecht ankommt, auch wenn es manch ein Promi anders vormacht.
- Üblicherweise tanzt man drei Tänze miteinander. Bringen Sie Ihre Tanzpartnerin vorher zurück, kommt das einer Ohrfeige gleich, und alle, die es beobachten, denken sich: „Die kann nicht tanzen." Damit sind die Chancen für die Frau, später noch von anderen aufgefordert zu werden, nicht mehr so gut – es sei denn, sie kennt viele Tänzer.
- Wenn Sie deutlich länger tanzen wollen, dann fragen Sie: „Möchtest du noch?"
- Bedanken Sie sich nach dem Tanzen.
- Bringen Sie Ihre Partnerin zum Platz zurück.
- Wenn es viel Spaß gemacht hat, können Sie auch fragen: „Darf ich dich später noch einmal auffordern?"
- Auch wenn Sie an diesem Abend viele Bekannte treffen: Der erste Tanz sollte immer Ihrer Begleitung gehören! Eine kritisch-aufmerksame Frau hat also bei Tanzveranstaltungen eine Menge Möglichkeiten, sehr schnell zu überprüfen, wie stilvoll ihr Flirtwunschpartner ist.

Beim Essen und Trinken

In der Bar, im Café, in der Espresso-Bar: Wer sich viel in der Öffentlichkeit bewegt und beispielsweise beim abendlichen Nachhauseweg von der Arbeit nicht direkt die Wohnung ansteuert, sondern für eine halbe Stunde einen Stopp einlegt, um ein Glas zu trinken, der schult nicht nur seine Men-

Wo lerne ich Menschen mit Stil kennen?

schen- und Ortskenntnis, er kommt auch leicht und oft ins Gespräch. Gerade wenn Sie viele Jahre in einer festen Beziehung gelebt haben, sich im Umgang mit Fremden ein wenig eingerostet fühlen und nun allein in einer Bar stehen, sollten Sie diese Situationen nutzen, um sich wieder leicht und locker und völlig unbeschwert zu bewegen. Ein Satz wie: „Was trinken Sie Interessantes?" mit dem Blick auf das Glas des Nachbarn kann genauso ein Einstieg zum Flirten sein wie die Bitte, ob Sie mal eben einen Blick in seine zur Seite gelegte Zeitung werfen dürfen.

Raucher haben es leicht, wenn Sie auf Gleichgesinnte treffen. Wildfremde Menschen kommen vor jedem Restaurant und vor jeder Bar miteinander ins Gespräch. Sie reden über die Lage heute im Vergleich zu der Zeit vor dem Rauchverbot in öffentlichen Räumen, über das Rauchen an sich, das Aufhören und Wiederanfangen. Sie geben sich gegenseitig Feuer – wobei sich manchmal Hände berühren und Blicke tiefer werden können.

Falls Sie Ex-Raucher sind: Das ist kein Plädoyer, um damit wieder anzufangen.

Auf Abenteuer-Spielplätzen für Erwachsene

Neuere Untersuchungen zeigen, dass sich Menschen schneller in Situationen verlieben, in denen sich aufgrund der Aufregung der Puls beschleunigt. Wer also Freude an abenteuerlichen Unternehmungen wie Fallschirmspringen oder Ähnlichem hat oder immer schon gern einmal Drachenfliegen lernen wollte, der sollte das einmal aus diesem Blickwinkel betrachten und prüfen. Wahrscheinlich reicht bereits ein Satz wie: „Mir klopft das Herz bis zum Hals" mit einem netten Blickkontakt, um einen Flirt zu beginnen.

An schönen und ungewöhnlichen Orten

An Orten, an denen es um Schönes, Seltenes oder Ungewöhnliches geht, tummeln sich auch die entsprechenden Liebhaber, die Zeit, Energie und Geld in ihr Interesse fließen lassen, das oft eine Leidenschaft ist. Selbst wenn Sie selbst kein ausgeprägtes Interessensgebiet haben, suchen Sie doch einmal solche Orte auf: Vielleicht entdecken Sie etwas Neues und Spannendes für Ihr Leben. Bestimmt werden Sie hier zumindest Menschen begegnen, die etwas im Kopf haben und meist auch gerne darüber sprechen. Dann ist nichts leichter, als sich als Neuling und Interessent zu zeigen, Fragen zu stellen und mit anderen ins Gespräch zu kommen. Von der Oldtimer-Parade über das Pferderennen, von Sammlerbörsen bis hin zu Kunstauktionen bietet Ihnen jede mittelgroße Stadt ein reiches Betätigungsfeld.

Bei Single-Events und Single-Reisen

Das teuerste und langwierigste Experiment, das ich für dieses Buch gemacht habe! Die Reiseagenturen entdecken verstärkt den Markt für Singles und bieten entsprechende Reisen an. Inzwischen gibt es Angebote für jedes Alter, jedes Interesse und jeden Geldbeutel. Egal, ob man in der Wild-

Wo lerne ich Menschen mit Stil kennen?

nis übt, gemeinsam ein Zelt aufzubauen, mit dem Fahrrad unterwegs ist oder in Italien dem lokalen Führer zuhört, was er über die Trüffelsuche zu erzählen hat: Jeder, der das mag, kann sich auf eine Single-Reise begeben. Ich hatte viel Schauriges darüber gehört und erinnere mich noch gut, wie mich eine weinende Freundin anrief, die ich dann 500 Kilometer entfernt abholen musste. Sie hatte sich wie in der Schule gefühlt, wie „wenn eine Handballmannschaft ausgewählt wird und immer ich übrig bleibe".

Aus diesem Grund machte ich mich auf die Suche nach einer Reise für Alleinreisende statt für Singles. Seit wenigen Jahren gibt es zunehmend Reisen, die nicht mit täglichen Aktionen und Spektakeln Menschen verkuppeln möchten, sondern sich einfach an Menschen richten, die allein reisen. Entweder weil sie Single sind oder weil der Partner für diese Art von Reise kein Interesse zeigt oder weil er das Klima nicht verträgt, Flugangst hat oder ihn der Chef nicht gehen lässt.

Es ist auf jeden Fall eine wunderbare Art für Singles zu verreisen: Sie müssen abends nicht allein im Restaurant sitzen oder sich zwischen lauter Paaren einer Gruppenreise aufhalten. Niemand versucht, Sie zu verkuppeln, doch es gibt viele Möglichkeiten, sich mit Menschen zu unterhalten, die ähnliche Interessensgebiete haben.

Wenn Sie gerne reisen, kein Problem mit Gruppenreisen haben und nicht unbedingt wild auf Verkuppelungsaktionen sind, lassen Sie sich die entsprechenden Broschüren zuschicken.

Beim Speeddating

Das Prinzip ist einfach: Sie melden sich bei einem lokalen Anbieter an, bezahlen dort eine Gebühr und setzen sich mit Block und Stift an einen Tisch. Pro Durchlauf haben Sie sieben Minuten Gesprächszeit, dann stehen die Männer auf und gehen einen Tisch weiter. Auf einer Karte können Sie sich Notizen machen und ankreuzen, ob Sie Ihren Gesprächspartner wiedersehen möchten. Zu Hause können Sie sich dann einloggen und in einem Online-Formular angeben, wen Sie gern wieder treffen möchten. Ein bis zwei Tage später sehen Sie außerdem Ihre eigenen Feedbacks an und prüfen, wer sich gerne erneut mit Ihnen treffen würde.

Speeddating bietet viele Gelegenheiten zum Flirten.

Das Grundprinzip stimmt: Meist wissen wir ja wirklich innerhalb ganz kurzer Zeit, wer uns sympathisch ist, wen wir gerne noch einmal treffen möchten und wo die Chemie einfach nicht stimmt. Sie sollten jedoch nur dann zu solchen Terminen gehen, wenn Sie Spaß am Flirten haben, sehr schlagfertig und kommunikativ sind oder es als Training dafür ansehen. Das Publikum ist bezüglich Interessen, Bildung und Vorlieben meist so gemischt, dass das Singledasein der einzige gemeinsame Nenner ist. Stil, Bildung und Tiefe sind hier eher selten zu finden.

Speeddating wurde von einem amerikanischen Rabbiner erfunden, der den Singles seiner Gemeinde so die Möglichkeit geben wollte, sich kennenzulernen. Ziel der Singles war ganz klar, einen Ehepartner zu finden, mit dem sie Kinder

Wo lerne ich Menschen mit Stil kennen?

bekommen und den Rest des Lebens verbringen könnten. Heutzutage ist es bei den meisten Speeddating-Veranstaltungen nicht klar, ob der andere nur jemanden für eine Nacht, für einen Flirt oder fürs Leben sucht.

Eine neuere Variante sind Online-Speeddatings, die per Webcam in häufig noch weniger als drei Minuten durchgeführt werden.

Speeddating ist sicher eine Möglichkeit, den ersten Schritt zum Kennenlernen anderer Menschen zu tun. Das steht außer Zweifel. Wer jedoch eher ein Anhänger der leisen Töne ist, wer Wert auf Niveau und Stil legt, der wird mit dieser Methode sicher nicht glücklich werden. Doch wen es interessiert, der kann sich vorab zumindest einige ausgewählte Szenen auf YouTube ansehen, um zu wissen, worauf er sich einlässt.

Flirten und Daten im Job

Nach einer Emnid-Studie ist der Arbeitsplatz die zweitwichtigste Partnerbörse. Mehr Paare finden sich anscheinend nur in Bars und Kneipen. Auch die Gesellschaft für Erfahrungswissenschaftliche Sozialforschung kommt bei ihren Untersuchungen zu einem ähnlichen Ergebnis: 20 bis 35 Prozent aller Ehen bahnen sich im Büro an. Natürlich gibt es deutlich mehr Flirts, denn viele Flirts sind ja nur Spiel oder führen lediglich zu einer kurzen Beziehung. Bei einer Umfrage von www.karriere.com gaben 55 Prozent der Befragten an, sich am Arbeitsplatz mindestens einmal verliebt zu haben. 28 Prozent beichteten eine Affäre. Und 26 Prozent der Befragten hatten schon einmal Sex zwischen Kopierer und Kaffeemaschine – das ist immerhin ein Viertel aller Berufstätigen.

Und dennoch: Rund 40 Prozent der Befragten erklärten, sie würden nie eine Affäre mit Kollegen oder Vorgesetzten anfangen. Zumindest in Deutschland scheinen aber sowohl Flirts als auch Affären und Beziehungen am Arbeitsplatz in den meisten Firmen zum Alltag zu gehören. Immerhin 79 Prozent der Firmen gaben an, Partnerschaften im Büro offen gegenüberzustehen. In den Vereinigten Staaten führt dagegen etwa jedes vierte Verhältnis im Job vor den Richter. Deshalb ist das Flirten und gar das Daten im Job dort auch stärker tabuisiert als bei uns.

Eigentlich ist es ganz logisch, dass sich im Beruf eine Reihe von Flirtmöglichkeiten anbieten. Schließlich verbringen

128   **Flirten und Daten im Job**

wir unter der Woche rund ein Drittel der Zeit mit Arbeiten. Die meisten Berufstätigen lernen am Arbeitsplatz viele Menschen kennen, unter Kollegen entstehen Freundschaften, die über die Arbeit hinausgehen. Da ist es nur konsequent, wenn wir auch am Arbeitsplatz ein wenig flirten. Schließlich verbringen wir in den meisten Fällen nicht nur sehr viel Zeit am Arbeitsplatz, wir treffen auch immer wieder auf die gleichen Menschen, seien es nun Kunden oder Lieferanten, Kollegen oder Kooperationspartner des Unternehmens. Praktischerweise treffen wir den anderen in verschiedenen Situationen und Konstellationen – wir wissen also schon etwas über ihn und müssen uns nicht nur auf das verlassen, was er oder sie von sich selbst sagt. So hält auch rund ein Drittel der Singles den Arbeitsplatz für die beste

Der Arbeitsplatz ist ein beliebter Ort zum Flirten – jeder Zweite hat sich schon mal in eine Kollegin oder einen Kollegen „verguckt".

Flirten und Daten im Job 129

Möglichkeit, jemanden kennenzulernen. Kompliziert kann es werden, wenn aus einem harmlosen Flirt am Arbeitsplatz mehr entsteht.

Wenn Sie ein paar Grundregeln beherrschen, dann gibt es keinen Grund, sich beim Flirten und Daten im Beruf Sorgen zu machen:

- Flirten Sie nicht ganz so ungehemmt wie sonst. Jede Firma hat ihren Tratsch und Klatsch. Es nutzt Ihrer beruflichen Reputation nichts, wenn man Ihnen die Medaille für die „Flirterin des Jahres" verleiht.
- Wenn Sie gezielt auf der Suche nach kurzfristigen Affären sind, sollten Sie lieber ein anderes Spielfeld auswählen.
- Verschaffen Sie sich durch einen Flirt oder eine Beziehung keine Vorteile am Arbeitsplatz.
- Bleiben Sie auch in einer Beziehung professionell und behandeln Sie den anderen im beruflichen Kontext als Kollegen, Einkäufer oder Dienstleister und nicht als Partner. Wenn Sie das nicht schaffen, weil Sie zum Beispiel nicht so hart verhandeln können, dann lassen Sie sich in diesen Situationen vertreten oder sich ganz versetzen.
- Lassen Sie besondere Vorsicht und Sorgfalt walten, wenn es sich um einen Flirt und vielleicht mehr mit einem Vorgesetzten oder Untergebenen handelt. Hier ist es von vorneherein besonders wichtig, dass es zu keinen Missverständnissen kommt und sich Dienstliches nicht mit Privatem vermischt.
- Achten Sie auch in einer besonders verliebten Phase auf Ihre Kommunikation und Ihr Verhalten vor Kollegen. Händchen haltende Kollegen sind nicht unbedingt gerne gesehen.

- Denken Sie daran, dass es Ihre bezahlte Arbeitszeit ist, die Sie im Unternehmen verbringen, und dass Sie sich selbst große Probleme schaffen, wenn Sie zu oft im Gespräch mit Ihrer neuen Liebe gesehen werden. Bedenken Sie auch, dass Ihre E-Mails gelesen werden könnten!

- Überlegen Sie gut, wann ein geeigneter Zeitpunkt ist, die Kollegen darüber zu informieren, dass Sie nun ein Paar sind. Warten Sie auf jeden Fall einige Zeit ab, bis Sie diesen Schritt tun. Sie sollten sich beide sicher sein, dass Sie nun in einer festen Beziehung leben. Dann ist es auch wichtig, sich dazu zu bekennen, um eventuelle Gerüchte gar nicht erst hochkochen zu lassen und dem Vorwurf möglicher Interessenskonflikte vorzubeugen.

- Sprechen Sie mit Kollegen nicht ausführlich über Ihre Beziehung und Ihre Gefühle – weder in der Phase Ihrer frischen Verliebtheit, noch in der Trennungsphase. Bleiben Sie professionell, lächeln Sie und lenken Sie das Gespräch in eine andere Richtung, falls die Fragen zu hartnäckig werden.

- Achten Sie darauf, nicht zusammen zu kommen und zu gehen, wenn Sie noch kein offizielles Paar sind.

- Werden Sie sich in der Kennenlernphase klar darüber, ob Sie nun ein Arbeitsessen oder ein Date haben.

- Weihnachtsfeiern oder andere Betriebsfeste eignen sich nicht, nach einigen Gläsern Wein all seinen Mut zusammenzunehmen und vor der reizenden Kollegin aus der Buchhaltung auf die Knie zu sinken, um ihr endlich zu sagen, wie wunderbar sie sei.

- Bedenken Sie bei einer Beziehung im beruflichen Umfeld immer deren mögliche Endlichkeit (auch wenn das nicht sehr romantisch ist). Schließlich wird inzwischen rund

Flirten und Daten im Job

jede zweite Ehe geschieden. Das Haltbarkeitsdatum von Beziehungen ist zumindest im Durchschnitt noch kürzer. Bedenken Sie einfach die Konsequenzen, die es für Sie, Ihren Beruf und Ihre Karriere hat, wenn Sie Ihre Beziehung öffentlich machen und sie vielleicht nach sechs Monaten wieder vorbei ist. Die Erfahrung lehrt, dass Frauen meist den Kürzeren ziehen und mit negativen Folgen rechnen müssen.

- Mehr noch als bei anderen Flirts und sich anbahnenden Beziehungen kann man sagen: Folgen Sie Ihrem Herzen, aber vergessen Sie dabei nicht, Ihren Verstand mitzunehmen.

Komplimente

Frauen werden durch Komplimente niemals entwaffnet,
Männer stets.   (Oscar Wilde)

Komplimente sind beim Flirten einfach nicht wegzudenken. Sie sind eine ausgesprochen charmante Art, sich selbst zu öffnen und einem anderen ein kleines Geschenk zu machen. Wie schade, dass so manch einer nach der Flirtphase damit aufhört!

„Men's Health" befragte 1600 Leserinnen, welche Komplimente sie gern von Ihren Partnern hören würden. Das Ergebnis ist teilweise ein wenig peinlich, ich möchte es Ihnen dennoch nicht vorenthalten:

1. „Mmh, du riechst unglaublich gut."
2. „Ich liebe dein tolles Lächeln."
3. „Du bist das Beste, was mir je im Leben passiert ist."
4. „Du hast samtweiche Haut."
5. „Du hast die schönsten Augen, die ich je gesehen habe."
6. „Mir dir kann man Pferde stehlen."
7. „Deine Frisur steht dir prima."
8. „Ich hätte dich viel jünger geschätzt."
9. „Du hast eine Figur wie ein Model."
10. „Du kochst besser als meine Mutter."

Die ersten drei Komplimente gefielen jeweils über der Hälfte der Befragten, die letzten drei nur rund 10 Prozent.

Ein passendes Kompliment

„Die Kunst der übertreibenden reizenden Komplimente hat den Sprung in diese emanzipierte Welt nicht geschafft, da halten sich deutsche Männer zurück", schreibt Wladimir Kaminer. In der Tat scheinen Komplimente zu einer schwindenden Form der Kommunikation zu gehören. Deshalb hat manch einer das Gefühl, er müsse es lernen, wie man das eigentlich macht. Männer tauschen sich in Internetforen zum Thema „Wie erobere ich meine Traumfrau? Die schönsten Komplimente" miteinander aus. Individuell ist das zwar

Beim Flirten werden gerne Komplimente ausgesprochen. Reagieren Sie entspannt und selbstbewusst darauf!

nicht, doch vermutlich sollte man das ernsthafte Bemühen, etwas Freundliches zu sagen, hoch einschätzen.

Was misstrauisch machen kann, sind die Ergebnisse einer Meinungsumfrage. Emnid fragte: „In welchen Situationen ist es Ihrer Meinung nach erlaubt, zu lügen?" Nach „um einem Freund zu helfen" wurde sowohl von Frauen als auch von Männern als zweithäufigster legitimer Grund genannt: „Um ein Kompliment zu machen". Vielleicht sollte man vorher etwas mehr darüber nachdenken. Denn: Die Wahrhaftigkeit steht immer obenan.

Ein Kompliment ist die zweitliebste Flirteröffnung – für Frauen anscheinend noch deutlicher als für Männer. Dennoch rangiert es bei beiden Geschlechtern auf Platz zwei. Da greift vermutlich mancher zu seinem nicht immer passenden Standardkompliment, möglicherweise sagen die Beteiligten aus Nervosität auch einfach irgendwas Nettes – etwa einen Spruch aus einem Film. Beides ist weder originell noch stilvoll, ganz abgesehen davon, dass es die oberste Regel beim Komplimentemachen nicht befolgt: Ein Kompliment muss stimmen!

Warum spricht jemand ein Kompliment aus? Die Frage scheint nur auf den ersten Blick überflüssig. Dennoch gibt es dafür verschiedene Gründe. Der einfachste und logischste wäre anzunehmen, ein Kompliment dränge sich förmlich auf. Dass also beispielsweise der Satz „Die Farbe dieses Pullis bringt das Blau Ihrer Augen so richtig zum Leuchten" eine fast unvermeidliche Konsequenz daraus ist, dass der Pullover dem anderen wirklich so gut steht. Doch manche Menschen setzen ein Kompliment ganz bewusst ein – nicht weil sie etwas beim anderen sehen, sondern weil sie selbst auf bestimmte Art gesehen werden möchten. Jeder professionelle Verkäufer weiß, dass wir Menschen sympathisch finden, die uns Komplimente machen. Nicht umsonst üben sich gute Verkäufer darin, jedem Menschen schnell etwas Nettes zu sagen. Wollen wir sympathisch wirken, was beim Flirten natürlich wichtig ist, gehören Komplimente dazu.

||| Goldene Regeln für Komplimente

Es gibt ein paar goldene Regeln für das Aussprechen von Komplimenten:

- Werfen Sie nicht von Anfang an mit Komplimenten um sich.
- Männer sollten damit beginnen.
- Sagen Sie keine platten, allgemeingültigen Sätze.
- Beziehen Sie das Kompliment auf die Situation und den anderen.
- Ein Kompliment muss aufrichtig sein.
- Der andere muss bereit sein (oder zumindest so scheinen), es zu hören.
- Je persönlicher ein Kompliment ist, desto stärker wirkt es – ein Kompliment darüber, wie jemand etwas ausdrückt oder wie jemand lacht, wirkt deshalb meist tiefer als ein Kompliment über eine schöne Tasche, eine Krawatte oder einen Organizer.
- Übertreiben Sie nicht so maßlos: „Das ist das Großartigste, was ich je gesehen habe!" Ist das wirklich so? Das Großartigste in Ihrem ganzen bisherigen Leben?
- Verfolgen Sie keinen Zweck damit und manipulieren Sie nicht.

Menschen, denen ein Kompliment gemacht wurde, fühlen sich meist augenblicklich etwas wohler als noch eine Minute zuvor. Ein Kompliment zeigt ja nicht nur, dass wir als Person oder eine Eigenschaft oder ein Merkmal von uns positiv wahrgenommen werden, sondern dass wir auch besonders wertgeschätzt werden. Manchmal reagieren allerdings gerade Frauen nicht positiv. Sie haben oft negative Erfahrungen mit Komplimenten gemacht oder vermuten eine manipulative Absicht hinter den netten Worten.

Nach Komplimenten fühlen sich die meisten Menschen einfach besser.

||| Tipps:

- Überlegen Sie, ob das Wort „nett" oder „schön" in Ihrem Kompliment vorkommen soll. Die Chancen, dass es entweder banal oder platt, vielleicht sogar ziemlich abgegriffen ist, stehen sehr gut.
- Beobachten Sie einmal bei sich selbst, ob es Ihnen auch so ergeht: Wenn Ihnen jemand ein Kompliment macht, fühlen Sie sich nicht nur sofort besser, Sie finden die andere Person auch augenblicklich sympathischer als noch eine Minute zuvor.

Ein Kompliment machen

Wenn Sie verstehen wollen, wie Komplimente aufgebaut sind und wie sie funktionieren, sollten Sie einen Blick auf die „Bauanleitungen für Komplimente" werfen:

Ein Kompliment machen | 137

Bauanleitung 1: Nur ein Wort

Die Grundidee ist nicht sehr originell, doch die Methode war als rhetorisches Element bereits bei den alten Griechen beliebt. Ein einziges Wort wird in verschiedenen Zusammenhängen mehrfach gebraucht. Beispiele:

- „Du bist nicht nur klug, sondern du strotzt einfach nur so vor Klugheit. Der wirklich klügste Mensch, dem ich jemals begegnet bin."
- „Du bist nicht nur schön, sondern noch viel schöner als schön!"
- „Du bist viel umwerfender als einfach nur umwerfend!"

Dieses Muster lässt sich auf verschiedene Arten ausbauen. Sehr wirksam, und deshalb auch sehr beliebt, ist es zum Beispiel, tatsächlich nur ein Wort zu sagen und dabei vielsagend zu schauen: „Schön!"

Ebenfalls häufig sind direkte Zuschreibungen mit diesem Wort: „Du bist wunderschön."

Außerdem können Sie eine Reihe von Adjektiven mit „alles an dir" kombinieren: „Alles an dir ist schön."

Auch ein bewusst subjektiv formulierter Satz ist sehr wirkungsvoll: „Ich finde dich schön."

Wenn man all die Möglichkeiten von „Nur ein Wort" miteinander verbindet, kann es sich auch sehr schnell ironisch anhören. Hier macht dann vor allem die Betonung die Bedeutung aus: „Atemberaubend. Ich finde dich einfach atemberaubend. Alles an dir ist atemberaubend."

Bauanleitung 2: Selbsterniedrigung

Man macht sich selbst klein, um den anderen umso besser dastehen zu lassen. Beispiele:

- „Ich weiß gar nicht, wie ich einen so unglaublich geduldigen Menschen wie dich verdient habe."
- „Womit habe ich nur die Gesellschaft einer so schönen Frau verdient?"
- „Wenn ich sehe, wie elegant Sie wieder gekleidet sind, komme ich mir völlig underdressed vor."

Bauanleitung 3: Die Erhöhung des anderen

Dieses Kompliment funktioniert ähnlich wie die Bauanleitung 2, nur wechselt die Perspektive. Beispiele:

- „Du bist das Allerbeste, was mir in meinem Leben passiert ist."
- „Du bist die schönste Frau, die ich je gesehen habe."
- „Ich habe mich in der Gesellschaft eines anderen noch nie so wohlgefühlt."

Bauanleitung 4: Sich selbst erhöhen

Bei diesem Muster macht man dem anderen ein Kompliment, in dem man etwas Positives über sich selbst sagt. Das hört sich zunächst widersinnig an, funktioniert aber sehr gut. Beispiele:

- „Ich komme beruflich und privat viel herum und habe wirklich schon sehr viele interessante Menschen kennengelernt. Doch so einen interessanten Menschen wie dich findet man sicherlich nur einmal im Leben."
- „Ich bin hier seit zehn Jahren Stammgast und habe mich auch oft schon sehr gut unterhalten, doch so einen Abend wie heute habe ich noch nie erlebt."

Ein Kompliment machen ||| **139**

- „In meinem Freundeskreis sind nur intelligente und gebildete Menschen. Doch so viel Esprit wie bei Ihnen finde ich nicht oft."

Bauanleitung 5: Rhetorische Frage

Auch das ist ein uraltes Stilmittel, das sich nicht nur bei Reden, sondern auch bei Komplimenten einsetzten lässt. Beispiele:
- „Ist dir denn nicht klar, wie absolut einzigartig du bist?"
- „Weißt du eigentlich, wie umwerfend du aussiehst?"
- „Sieht hier denn nicht jeder, wie schön du bist?"

Bauanleitung 6: Logische Verkettungen

Um ein Kompliment so zu formulieren, dass der Angesprochene sich wirklich individuell wahrgenommen und geschätzt fühlt, gibt es eine Vielzahl von Möglichkeiten, etwa:
- „Erst seit ich dich kenne, weiß ich, was ein guter Tänzer ist."
- „Wenn ich dich nicht getroffen hätte, wüsste ich bis heute nicht, mit welcher Leichtigkeit intelligente Unterhaltungen geführt werden können."
- „Hätte ich Sie heute Abend nicht zufällig getroffen, so wüsste ich gar nicht, wie schön ein Sommerabend eigentlich sein kann."

Bauanleitung 7: Der Vergleich

In Bildern zu sprechen ist ebenfalls ein sehr altes rhetorisches Mittel. Es erzeugt geradezu unwiderstehlich Assoziationen, denen sich kaum einer entziehen kann:
- „Dein Lachen ist wie Musik für mich."
- „Deine Haare glänzen wie Seide."
- „Deine Haut schimmert wie Südseeperlen."

Können auch Frauen Männern ein Kompliment machen?

In unserer Kultur sprechen Männer viel mehr Komplimente gegenüber Frauen aus als umgekehrt. Bis vor einigen Jahrzehnten war es völlig unüblich, dass eine Frau einem Mann ein Kompliment machte – das hat sich nun im 21. Jahrhundert geändert. Aber auch wenn sich Frauen emanzipiert haben, es gibt dennoch eine Reihe von Internetforen, in denen die Frage, ob überhaupt und – wenn ja – wie eine Frau einem Mann ein Kompliment machen darf, durchaus sehr kontrovers diskutiert wird.

Es ist zwar ein Klischee, scheint aber dennoch einfach zum überwiegenden Teil zuzutreffen: Männer mögen anscheinend vor allem Komplimente, die ihnen sagen, dass sie stark und mutig sind, vielleicht noch klug und humorvoll. Im Allgemeinen hört ein Mann Komplimente lieber für Leistungen, die er erbracht hat, und weniger zu seinem Äußeren.

> **Männer mögen Komplimente über ihren Mut und über ihre Leistungen.**

Generell gilt: Halten Sie sich als Frau zunächst mit Komplimenten zurück. Lassen Sie den Mann damit beginnen und sagen Sie ihm hin und wieder einen netten Satz, der seine Anstrengungen belobigt, wie zum Beispiel:

- „Mich hat schon lange niemand mehr so zum Lachen gebracht." (siehe Bauanleitung 3)
- „Amüsant! Einfach amüsant!" (siehe Bauanleitung 1)
- „Wissen Sie eigentlich, wie unglaublich anschaulich Sie erzählen können?" (siehe Bauanleitung 5)

Auf ein Kompliment reagieren

Was antwortet man auf ein Kompliment? Eine Frau mit Stil wird jedenfalls nicht erklären, dass sie den Rock ganz billig im Schlussverkauf ergattert hat oder dass die Tasche zu den zahlreichen eBay-Schnäppchen gehört, die sich im Laufe der Jahre angesammelt haben.

Auch eine zweifelnde Frage: „Ach, findest du wirklich?" kommt einer selbstbewussten Frau nicht über die Lippen, ebenso wenig wie: „Ach, ich dachte, ich müsste so dringend zum Friseur …"

Gefällt Ihnen das Kompliment, lächeln Sie und sagen Sie: „Danke". Mögen Sie es nicht, dann ziehen Sie eine klare Linie: „Das ist mir zu nah."

Viele Menschen werden ganz fürchterlich verlegen, wenn man ihnen ein Kompliment macht. Sie erröten, stammeln herum und versuchen es abzuwehren. Das ist sehr schade.

Möchten Sie erfolgreich und mit Stil flirten, dann lernen Sie unbedingt, ein Kompliment entspannt und mit Selbstbewusstsein anzunehmen. Sagen Sie einfach freundlich „Danke" – auch wenn Sie eine Manipulation hinter den Worten vermuten.

Sehen Sie es einfach als Teil Ihres Trainingsprogramms an, ein Pokerface zu wahren, ganz gleich, was Sie gerade denken. Wenn Sie das Kompliment wirklich freut, darf man das ruhig auch merken.

Komplimente

Es gibt eine Reihe von Gründen, warum manche Menschen sich damit so schwer tun, sich über ein Kompliment zu freuen und es anzunehmen:

- Sie glauben, dass sie es gar nicht verdient haben und dessen nicht wert sind.
- Sie vermuten Manipulation dahinter.
- Es kommt ihnen zu anbiedernd vor.
- Derjenige, der das Kompliment ausspricht, erscheint unangenehm oder als nicht ernst zu nehmen.
- Sie fürchten sich, jetzt zu viel Aufmerksamkeit zu bekommen.
- Sie haben Angst, wenn sie es annehmen, überheblich oder arrogant zu wirken.
- Sie machen sich Sorgen, durch die Annahme des Kompliments zu einer Gegenleistung verpflichtet zu sein.

Übung

Wenn Sie sehr selten Komplimente machen, dann nehmen Sie sich vor, jeden Tag drei Komplimente auszusprechen. Sie werden überrascht sein, wie viele positive Dinge Ihnen bei anderen auffallen, die ein Kompliment wert sind.

Flirten im Internet

Von 2000 bis 2007 suchten nach einer Emnid-Studie rund 10 Millionen Singles in Deutschland einen Partner per Internet. Die Zahl hat sich inzwischen vervielfacht, genau lässt sich nicht sagen, wie viele hier tatsächlich unterwegs sind. Denn nicht jeder, der einmal ein Profil eingestellt hat, löscht es, wenn die Suche vorbei ist. Andere wiederum suchen in mehreren Portalen gleichzeitig. Ein reales Treffen kam allerdings bei nur 68 Prozent aller Internet-Flirter zustande. Den Rest verließ entweder der Mut oder er traf vor dem Blind Date einen potenziellen Partner in der realen Welt.

Im allgemeinen Sprachgebrauch wird „Singlebörse" und „Single-Partnervermittlung" inzwischen nahezu synonym, also gleichbedeutend, verwendet. Die ursprünglichen Börsen sind jedoch meist kostengünstiger, bieten dafür aber nicht so viele Funktionen und Möglichkeiten wie eine Partnervermittlung. Bislang laufen nur die Vermittlung und die erste Kommunikation über das Netz. Doch die Forscher denken schon weiter. Eine Forschungsgruppe der Harvard-Universität hat beispielsweise eine virtuelle Museumstour als erstes Date für Kulturinteressierte entwickelt.

Überlegen Sie sich wirklich gut, welche Plattform Sie nutzen möchten. Das ist sehr wichtig. Lassen Sie sich Zeit mit Ihrer Entscheidung, schauen Sie sich alles an und prüfen Sie vor Ihrer Entscheidung sorgfältig, was zu Ihnen passt. Die Mitglieder von www.neu.de oder www.friendscout24.de set-

144 | **Flirten im Internet**

zen sich anders zusammen als die von www.parship.de oder www.elitepartner.de. Wer ganz auf die Börsen des Internets verzichtet und sich eine Partneragentur in der eigenen Stadt sucht, wird wiederum ein anderes Publikum finden. Doch wer ein wenig sucht, wird im Netz oder auf festem Boden schon das Richtige finden. Es gibt von Jahr zu Jahr mehr Partnervermittlungen, die nicht nur verschiedene soziale Schichten und Interessengruppen, sondern auch unterschiedliche Religionen bedienen.

Natürlich bietet auch jeder andere Chatroom und jedes andere Forum die Möglichkeit, sich nach oder neben einem sachlichen Austausch auch anzuflirten – wie im realen Leben ja auch.

Tummelplatz für alle, die auf Partnersuche sind: das Internet.

Was gehört sich beim virtuellen Flirten?

In Deutschland ist es üblich, sich in Chats durchweg und von Anfang an zu duzen. Bei Nachrichten an Mitglieder einer Partnerbörse entscheiden sich die meisten ebenfalls von Anfang an für das Du. Das kann allerdings eigenartig sein, wenn Sie bei der ersten Verabredung einer würdig aussehenden Person mit grauen Schläfen gegenübersitzen. Deshalb gilt: Nur weil es so üblich ist, müssen Sie es nicht genauso machen. Gerade in der virtuellen Kommunikation sollten Sie Profil und Persönlichkeit zeigen – Sie möchten sich ja nicht mit jedem treffen, sondern nur mit Menschen, die auch zu Ihnen passen.

Parship hat bei einer Umfrage unter 1 028 Mitgliedern festgestellt, dass 67,2 Prozent der Frauen und 56,8 Prozent der Männer sich sofort duzen, wenn sie Kontakt mit einem potenziellen Partner aufnehmen. Die meisten begründen es damit, dass sie gleich einen privateren Ton anschlagen möchten, etwas weniger damit, dass es „im Internet so üblich ist". Dennoch entscheiden sich laut dieser Umfrage 15 Prozent der Frauen und 12,6 Prozent der Männer am Anfang für das Sie, da ihnen alles andere zu schnell zu vertraulich sei.

Sie sehen: Bei der Frage, ob Du oder Sie, geht es nicht um Höflichkeit, sondern um Ihren ganz persönlichen Stil. Jemand, der Sie von Beginn an duzt, muss demnach nicht unbedingt distanzlos sein. Und eine Person, die Sie in einer virtuellen Partnerbörse siezt, muss nicht automatisch altmodisch sein. Aber natürlich sagt es etwas über die Kommunikationsform einer Person aus. Dennoch scheint es gerade im Internet so zu sein, dass sich viele Menschen auf das Du

einlassen, weil sie es hier für das richtige Benehmen halten.
Sonst würden sie es vielleicht eher anders machen.

Ebenso hat sich einfach fast überall als Standard eingebürgert, nicht mit dem echten Namen, sondern einem Pseudonym, dem sogenannten Nickname, zu kommunizieren.
Bei den meisten Partnerbörsen können Sie selbst bestimmen, wie viele Informationen Sie freigeben, also ob zum Beispiel Ihr Stadtteil angezeigt wird, ob jeder Ihr Photo sieht oder ob Sie fallweise entscheiden wollen, es zu zeigen.

Wenn Sie sich entschieden haben, diese Plattformen für Ihre Partnersuche zu nutzen, sollten Sie sich einige Fragen stellen. Nehmen Sie sich etwas Zeit, um sie zu beantworten:

1. Welche Chatforen gibt es, die zu mir passen? Welche haben so eine Gesamterscheinung, so ein Layout oder solche Themen, dass sich Menschen mit Stil dort freiwillig aufhalten und ihre Zeit dort verbringen?
2. Was genau erwarte ich mir eigentlich davon? Will ich nur ein wenig virtuell flirten, um mich zu üben? Möchte ich möglichst bald jemanden kennenlernen und dann im richtigen Leben treffen? Was muss geschehen, damit ich bereit bin, jemanden zu treffen, den ich dort kennengelernt habe?
3. Welchen Namen möchte ich mir geben, der zu mir passt, der etwas über mich sagt, der stilvoll, kurz und einprägsam ist und der zu einer anderen Kategorie als beispielsweise „Mandy66" gehört?
4. Wie viel möchte ich in einem so öffentlichen Forum über mich preisgeben, selbst wenn es anonym ist?
5. Wo genau will ich mich virtuell eigentlich aufhalten?

Was gehört sich beim virtuellen Flirten? | | | 147

Als Neuling auf diesem Gebiet sollten Sie sich zunächst auf einem „ungefährlichen" Terrain mit dieser Form des Umgangs vertraut machen. Suchen Sie sich also, bevor Sie in einem Forum einen Partner suchen, am besten einen Chatroom, der sich um neutrale Themen dreht. Oder einen, in dem zum Beispiel Fragen des Flirtens diskutiert werden, ohne dass die Mitglieder gezielt jemanden suchen. Ein Beispiel ist www.gofeminin.de.

Schauen Sie sich einfach in Ruhe um. Sie werden feststellen, dass in unterschiedlichen Chatrooms unterschiedlich kommuniziert wird. In manchen werden alle Arten von Abkürzungen und Sonderzeichen nur wenig, in anderen sehr viel verwendet. Letztendlich ist es hier wie bei der gesprochenen Sprache: Menschen äußern sich je nach Bildung, Geschmack und Vorlieben unterschiedlich.

Es gibt eine ganze Reihe von Regeln, die die Kommunikation im Netz angenehm und sicher machen sollen. Bindend ist so gut wie keine davon – es sei denn, es gibt spezielle Regeln in dem Forum, in dem Sie sich angemeldet haben. Als grundlegende Regel sollte jedoch immer eines deutlich und groß über allem anderen stehen: Beim Kommunikationspartner handelt es sich um einen lebenden Menschen. Und der sollte auch als ein Wesen mit Gefühlen behandelt werden. Leider scheint das jedoch bisweilen beim einsamen Chatten irgendwo in den Weiten des Internets in Vergessenheit zu geraten.

Die meisten Regeln für Chats orientieren sich mehr oder weniger an folgenden zehn Grundrichtlinien:

Flirten im Internet

1. Informieren Sie sich über die in diesem Chat geltenden Regeln und Normen.
2. Begegnen Sie anderen Chattern mit Respekt und Höflichkeit.
3. Wenn Sie das erste Mal einen Chatroom betreten, springen Sie nicht gleich ins Geschehen. Schauen Sie lieber erst, was gerade passiert und wer sich am Gespräch beteiligt.
4. Lassen Sie Ihren Gefühlen beim Chatten nicht einfach freien Lauf.
5. Wenn Sie jemanden direkt ansprechen möchten, dann sollten Sie das auch in Ihrem Satz kenntlich machen, indem Sie den anderen mit Namen anreden.
6. Geschriebenes wirkt anders als Gesprochenes – denken Sie immer daran. So versteht manch einer Ihren Humor oder Ihre Anspielungen im Chat noch weniger als im richtigen Leben.
7. Niemand darf bedrängt werden, seine wirkliche Identität zu offenbaren. Ebenso darf geheim bleiben, ob der Chatpartner Mann oder Frau ist, wo er oder sie wohnt und welche Telefonnummer er oder sie hat.
8. Großbuchstaben sind ebenso wie fett Gedrucktes und Smileys nur als Betonung zu verwenden. Zu oft benutzt, nerven sie. Im richtigen Leben schreien wir ja auch nicht den ganzen Tag.
9. Benimmt sich jemand im Chat daneben, strafen Sie ihn am besten durch Nichtachtung. Nur extremes Verhalten wie strafbare Äußerungen müssen dem Chatbetreiber gemeldet werden.
10. Alles, was im richtigen Leben verboten ist, ist auch im Chat verboten.

Die Sprache in Chatrooms

Für den Neuling sieht so manches komplett unverständlich und rätselhaft aus. Lassen Sie sich nicht abschrecken, wenn Sie sich für dieses Medium entschieden haben. Letztlich sind es nur ein paar Begriffe und Symbole, die Sie kennen müssen, um andere zu verstehen und sich selbst auszudrücken. Am besten machen Sie sich mit ihnen bereits vor dem Chatten vertraut. So begrenzen Sie von vornherein die schier unendlichen Möglichkeiten für Missverständnisse. Denn Ihnen fehlen ja zum Verstehen nicht nur Mimik, Gestik und Tonfall, sondern Sie kennen auch den anderen, seine derzeitige Situation und seine ganze Persönlichkeit (noch) gar nicht. Und genau dafür wurden die Symbole und Abkürzungen geschaffen: um bessere Ausdrucksmöglichkeiten zu haben. Die erleben wir in einer direkten Kommunikation als ganz selbstverständlich. Umso sensibler sollten Sie damit umgehen.

Asteriske und Abkürzungen

Asteriske (Sternchen) stehen im Allgemeinen für ein Gefühl oder eine Tätigkeit:

g	*grins*	grinsen
s	*smile*	lächeln
snif	*schnief*	gerade traurig sein
lol	*laughing out loud*	laut lachen
rofl	*rolling on floor laughing*	sich vor Lachen auf dem Boden wälzen

Flirten im Internet

momtel		Moment, ich telefoniere gerade
knuddel		drück dich
knuff		lieb in die Seite knuffen
knutsch		oberflächlicher Begrüßungskuss
froi		besonders betonte Freude
wink		winken
afk	away from keyboard	Ich gehe kurz weg von den Tasten.
bok	back on keyboard	Ich bin wieder an den Tasten.
kopfschüttel		Unverständnis

Abkürzungen beziehungsweise Akronyme werden am häufigsten verwendet. Sie finden sie nicht nur in Chats, sondern mehr noch als die Asteriske beim Schreiben von SMS. Stilvolle Kommunikation braucht hingegen Zeit. Schließlich ist Zeit eines der kostbarsten Güter, die wir haben. Mangelnde Wertschätzung und Aufmerksamkeit im Miteinander werden ständig beklagt. Wenn Sie sich nun allerdings ganz neu an die diversen Plattformen und Kommunikationsmöglichkeiten des Internet heranwagen, ist es wichtig und richtig, sich auch mit diesen Sonderformen auseinanderzusetzen. Verwenden Sie sie in Maßen, wenn Sie sich locker in Chats austauschen; reduzieren Sie diese Formen so weit wie möglich, wenn Sie in direkter Kommunikation mit Ihrem Flirtpartner stehen.

Die Sprache in Chatrooms | | | 151

Zu den beliebtesten **Abkürzungen** zählen:

cu	see you	tschüß
bb	bye bye	tschüß, bis bald
wb	welcome back	willkommen zurück
re	return	Ich bin wieder da.
kk		kein Kommentar
nc	no comment	kein Kommentar
np	no problem	kein Problem
N8	Nacht	gute Nacht
LG		liebe Grüße
GG		breites Grinsen
TY	thank you	danke
THX	thanks	danke
plz	please	bitte
omg	oh my god	oh mein Gott
mom	moment	Warte mal kurz!
AFK	away from keybord	Bin mal kurz weg von den Tasten/dem Computer.
BRB	be right back	Bin gleich zurück.
BTW	by the way	übrigens
FAQ	frequently asked questions	oft gestellte Fragen
CUL8R	see you later	Wir sehen uns später.
AFAIK	as far as I know	soweit ich weiß
ASAP	as soon as possible	so bald wie möglich

152 | | | **Flirten im Internet**

Bedenklich sind Abkürzungen, die tiefere Gefühle zum Ausdruck bringen wollen. Zwar tun sich Teenies so leichter, auch stärkere Gefühle auszudrücken, die sie nicht so gern direkt benennen möchten. In der Generation der über Vierzigjährigen gilt es jedoch als nicht stilvoll. Erhalten Sie eine solche Nachricht, gibt sie zwar Aufschluss über die positiven Gefühle des Schreibers, aber zugleich auch über einen vermutlich mangelnden Bildungshintergrund.

Folgende Abkürzungen drücken tiefere Gefühle aus:

HDL		Hab dich lieb.
sry	sorry	Entschuldigung
ILU	I love you	Ich liebe dich.
HDGDL		Hab dich ganz doll lieb.
1N8WU	One night with you	eine Nacht mir dir

Leetspeak/Leetspeek

Beim Leetspeak, oder auch Leetspeek, werden Buchstaben oder Wörter durch Zahlen, Sonderzeichen oder andere Buchstaben ersetzt. Einige sind inzwischen recht bekannt. In manchen Chatrooms kommunizieren allerdings Experten in einem so ausgefeilten System miteinander, dass es geradezu einer Geheimsprache gleicht. Ein einfaches Beispiel ist: 2 = to, too. Die Zahl Zwei, die im Englischen two heißt und wie too ausgesprochen wird, ersetzt also das Wort. 8 = eight steckt in night (Nacht), daher schreibt sich „Gute Nacht" n8. Teilweise werden zur Betonung Buchstaben durch härter klingende Buchstaben ersetzt. So wird zum Beispiel das S am Ende eines Wortes häufig durch das Z ersetzt. Auch die

Die Sprache in Chatrooms | 153

Großschrift wird als Betonung (ähnlich dem Schreien) eingesetzt. In der Kombination von allen Möglichkeiten entstehen dadurch teilweise schwer entzifferbare Konstruktionen. Noch gut erkennbar und relativ weit verbreitet ist: 4U = for you = für dich.

Im Allgemeinen sind es eher Jugendliche oder besonders am Internet interessierte Menschen, die so miteinander kommunizieren. Es ist ganz gut zu wissen, dass es das gibt. So können Sie es einordnen, wenn Sie Nachrichten dieser Art bekommen. Beherrschen müssen Sie diese Kommunikationsform beim stilvollen Flirt im Netz aber sicher nicht. Kennt man sich gut, so mag es hin und wieder ganz witzig sein, sich so auszutauschen oder es als ironischen Kommentar zu verstehen. Doch Ironie geht in der virtuellen Kommunikation fast immer unter – man muss sich schon ein wenig kennen, damit sie verstanden wird.

Emoticons

Das Wort Emoticon ist eine Zusammenfassung der Wörter **Emotion** und **Icon**. Mithilfe von Zeichen und Buchstaben werden kleine Symbole gebildet, die ein Gefühl ausdrücken. Sie sind inzwischen überall zu finden, in E-Mails, Chats und auch in SMS.

:-) auch :) auch :] auch (-:	lächeln
:-(	traurig sein
:-))	Steigerung des Lächelns oder der Freude
:-((	sehr traurig sein

154 | **Flirten im Internet**

:-D	lachen
;-)	mit einem Auge zwinkern
:-/	Das mag ich nicht, finde ich nicht gut.
:-o	oh; überrascht sein
:-Q	Zigarette im Mund
:'-(	weinen
:o)	Ich mache den Clown, etwas Lustiges.
):-(	genervt oder auch sauer sein

Neben den relativ einfachen Smileys gibt es auch die Möglichkeit, richtige Grafiken mit den Buchstaben und Symbolen zu erzeugen. Jemand, der Ihnen zum Beispiel dieses Symbol schickt @)-'-,-- meint: „Ich schicke dir virtuell eine Rose." Ob Sie das als eine stilvolle Geste empfinden, bleibt dahingestellt.

Des Weiteren gibt es immer mehr animierte Grafiksmileys, die eine wechselnde Mimik oder Grafik zeigen, zum Beispiel eine winkende Hand oder etwas Ähnliches. Hier gilt die gleiche Regel wie im nicht-virtuellen Leben: Je mehr es blinkt, desto weniger elegant ist es.

Flirten per Handyfoto scheint gerade unter Teenagern der letzte Schrei zu sein, das sogenannte Sexting. Hier werden erotische Fotos von sich selbst an den anderen verschickt. Für Teenager ist das sicher ganz aufregend.

Umgang mit anderen Mitgliedern einer Partnerbörse

Falls Sie jemanden entdeckt haben, der Sie interessiert, dann überlegen Sie gut, wie nah, herzlich und verbindlich Ihre erste Nachricht an denjenigen sein sollte. Stil zu haben heißt eben auch, den richtigen Ton zu treffen: nicht zu sachlich – Sie wollen ja schließlich keine Warenprobe eines Lieferanten anfordern –, aber auch nicht zu herzlich. Immerhin kann sich der Angeschriebene sehr schnell als Widerling oder als Hochstapler entpuppen. Dann bereuen Sie Ihre vorschnelle Herzlichkeit nur.

Steigern Sie die Dosis der Freundlichkeiten vielmehr langsam. Viele empfinden es unglaubwürdig, wenn schon die erste Nachricht mit „Liebe Grüße" beendet wird – obwohl man ja noch so gut wie nichts voneinander weiß und eigentlich noch gar nicht entscheiden kann, wie „lieb" denn solche Grüße nun wirklich gemeint sind.

Eine elektronische Absage auf eine Kontaktaufnahme ist ein Minimum an Höflichkeit. Sie brauchen sich ja weder zu rechtfertigen noch zu erklären. Aber einfach sang- und klanglos zu verschwinden, hat keinen Stil. Ebenso zeugt es nicht von Empathie, auf die Anfrage eines Unbekannten gar nicht zu reagieren. Schließlich haben Sie dadurch, dass Sie ihr Profil online stellen, deutlich signalisiert, dass Sie angesprochen werden möchten. Interessiert Sie der Schreibende nicht, reagieren Sie wenigstens irgendwie. Die meisten Partnerbörsen bieten dazu einen Button an, der automatisch eine kurze Nachricht wie „Nein, danke" sendet. Parship hat dazu seine Mitglieder (jeweils tausend) im Jahr 2005 zweimal befragt. Ganz klar zeigte sich, dass mehr als 40 Prozent der Männer und Frauen eine Absage am besten wegsteckten, wenn ein paar nette Zeilen dabei waren. 23 Prozent der Männer und 28 Prozent der Frauen hätten gerne wenigstens irgendeine Nachricht. Sie möchten erfahren, dass der andere die Anfrage erhalten hat und nicht interessiert ist. Das zeigt sehr deutlich, wie die Bedürfnisse dazu liegen.

Selbst wenn Sie also den Eindruck haben, derjenige, der Sie zu kontaktieren versucht, habe überhaupt nicht gelesen, was Sie suchen, und passe gar nicht: Klicken Sie zumindest auf „Ablehnen". Es bleibt sonst beim anderen immer ein fader Nachgeschmack oder ein Selbstzweifel. Und das sollten Sie niemandem wünschen – schon gar nicht, wenn er auf Partnersuche ist. Falls Ihnen das passiert: Versuchen Sie es einfach so schnell wie möglich zu vergessen. Vielleicht gehört die Person ja zu den 7 Prozent, nach deren Ansicht jeder Kontakt einfach so abgebrochen werden kann, wenn es noch zu keinem E-Mail-Kontakt kam. Für ganz schlechten Stil spricht es, den Kontakt einfach einzustellen, nachdem man nach mehrfachem Schreiben das Bild des anderen gesehen hat. Das tun laut Parship-Umfrage immerhin 8 Prozent der Frauen und 5 Prozent der Männer.

Wie viel Stil braucht eine E-Mail?

Je jünger die Nutzer sind, desto eher scheinen sie Nachlässigkeiten beim Schreiben von privaten und beruflichen E-Mails zu tolerieren. Doch insgesamt ärgern sich 85 Prozent

Wie viel Stil braucht eine E-Mail?

der Deutschen, wenn sich der Schreiber elektronischer Post nicht an die Regeln von Grammatik und Rechtschreibung hält oder weder Anrede noch Abschlussgruß einfügt. Das jedenfalls hat das Trendforschungsinstitut Earsandeyes 2009 herausgefunden. Behalten Sie das im Hinterkopf, wenn Sie mit Stil per E-Mail (weiter-)flirten wollen. Schließlich kennt Sie der andere noch (fast) nicht und wird automatisch Rückschlüsse vom Stil Ihres schriftlichen Ausdrucks auf Ihren gesamten Stil, Ihre Bildung und Intelligenz ziehen.

Doch nicht nur in der Sprache, auch in vielem anderen spiegelt eine E-Mail den persönlichen Geschmack des Absenders wider: Wie sorgfältig und mit wie viel Stil sind Schrift, Hintergrund und die Absenderadresse selbst bei einem privaten Account gestaltet? Verwenden Sie rosa Briefpapier mit kleinen Wölkchen, um sich vom nüchternen Businesslook Ihres sonstigen Accounts zu unterscheiden? Stilvoll ist es sicher nicht, doch wenn Sie gern als zartes, verspieltes Mädchen wahrgenommen werden möchten, erfüllt es voraussichtlich seinen Zweck. Wer seine E-Mails ständig mit Dringlichkeit versieht und eine automatische Antwort des Empfängers wählt, darf sich nicht wundern, wenn er den Eindruck eines Wichtigtuers erweckt.

Wer den nicht umsonst so genannten Deppenapostroph verwendet und Nachrichten sendet wie: „Wir sehen uns dann Dienstag's bei Heike's Party im Domino's, dort können wir dann nach ein paar Drink's herrliche Shrimp's essen und den neuesten Trend's folgen", wird seinem Gegenüber wohl Gänsehaut verursachen. Ob es jedoch zu einem Treffen mit einem niveauvollen Menschen kommt, ist fraglich.

Es sollte an sich nicht nötig sein, Folgendes auch nur zu erwähnen, dennoch noch ein Wort zum Thema Stil und Vertraulichkeit: Leiten Sie eine E-Mail niemals ohne Wissen und Einverständnis des Absenders weiter. Auch nicht, wenn es sich um die erste E-Mail der neuen Flamme handelt und die beste Freundin ganz wahnsinnig gut geeignet ist, den verborgenen Inhalt einer ganz harmlos klingenden Nachricht zu entschlüsseln. Wirklich nicht. Sie fänden das auch nicht schön, wenn der halbe Freundeskreis Ihres Angebeteten Ihre schriftlichen Flirtversuche kommentiert.

Per E-Mail auf eine Nachricht auf dem Anrufbeantworter antworten?

Wenn Sie Wert auf freundliche und entgegenkommende Kommunikation legen, dann sollten Sie das eher vermeiden. Schließlich hat Sie jemand angerufen, Sie haben die Stimme des anderen gehört. Eine unpersönlichere Antwort per E-Mail kann gerade im Anfangsstadium eines Flirts zumindest Zweifel und Fragen aufwerfen. Sie ist nur dann möglicherweise bequemer und für beide Seiten leichter, wenn Sie nicht (mehr) viel Lust und Interesse am anderen haben und die Bekanntschaft nicht weiter vertiefen möchten. Wenn Sie jedoch durchaus gern zurückgerufen hätten, es beim Abhören der Nachricht jedoch schon sehr spät war und Sie am nächsten Tage von einem Termin zum anderen hetzen, dann antworten Sie ruhig zum Beispiel auf eine Essenseinladung per E-Mail. Um in diesem Fall sicherzugehen, dass dies nicht ein zartes Pflänzchen der Zuneigung zerstört – vielleicht würden Sie die Einladung ja gern annehmen, können es aber aus terminlichen Gründen nicht –, schreiben Sie einfach ein paar nette erklärende Sätze dazu.

Erklären Sie nachvollziehbar, dass Sie gerne zurückgerufen hätten, es nun aber gerade nicht anders gehe.

Ehrlichkeit in virtuellen Kontaktanzeigen?

„Wie fast jedes Produkt nicht halten kann, was die Werbung für es verspricht, so wird auch die Selbstdarstellung sich kaum vollständig in einer Partnerschaft realisieren können", schreibt der Psychotherapeut Robert Schurz unter dem Titel „Volkssport Online-Dating" in der WELT.

Experten schätzen, dass rund 13 Prozent der männlichen Single-Bewerber in Internet-Partnerbörsen bereits verheiratet sind. Nach einer amerikanischen Untersuchung geben rund 20 Prozent der Nutzer solcher Börsen an, sie schummelten bei ihren Angaben. Beim Gewicht werden etwa zwei bis drei Kilo abgezogen, bei der Größe hingegen drei Zentimeter hinzugerechnet. Es scheint hierbei einen festen Mechanismus zu geben: Die weggeschummelten Kilos werden immer mehr, je älter die Personen sind, und die hinzugedichteten Zentimeter nehmen zu, je kleiner eine Person ist. Frauen scheinen eher bei Äußerlichkeiten zu beschönigen, Männer eher bei ihren Hobbys, ihrem Einkommen und ihrem beruflichen Erfolg.

Sicher ist es klug, bei der Schaltung einer Anzeige einige Marketing-Regeln zu beherzigen. Sie wollen ja schließlich auf sich aufmerksam machen und müssen sich in einem Markt gegenüber Konkurrenten durchsetzen. Es ist sinnvoll, die positiven Dinge zu betonen und ins rechte Licht zu rücken, die weniger positiven hingegen in den Hintergrund zu drängen. Doch wie weit darf das gehen? Was ist noch kluges Selbstmarketing, was eine glatte Lüge? Ein oder zwei Kilo wegzumogeln fällt sicher unter Selbstmarketing. Dass wir unser derzeitiges Problem einer Stelle kreisrunden Haarausfalls am Hinterkopf nicht extra aufschreiben, hat auch nichts mit mangelnder Ehrlichkeit zu tun. Das muss niemand wissen. Doch grundlegende Informationen, die im Zweifelsfall ein „K.o.-Kriterium" sind, sollten erwähnt werden. Das sollten Sie nicht nur aus Rücksicht auf den anderen tun, sondern auch aus Selbstschutz. Sie vermeiden damit unnötige Schmerzen. Denn es ist bitter, wenn nach vielen E-Mails und Telefonaten die Stunde der Wahrheit kommt und Sie deswegen abgelehnt werden. Was genau darunter fällt – diese Entscheidung kann Ihnen niemand abnehmen.

||| Kontaktanzeigen in Printmedien

Auch wenn sich viele für eine Kontaktanzeige bei einer der Partnerbörsen im Internet entscheiden und diese wirbt, Mitglieder mit Stil zu haben, sollten Sie nicht die Möglichkeit vernachlässigen, eine Kontaktanzeige in einer Zeitung oder einer Zeitschrift zu schalten. Viel mehr als im Internet unterscheiden sich die Leser der verschiedenen Printmedien. Wer regelmäßig die ZEIT liest, hat vermutlich nicht zugleich ein Abonnement der TAZ. Dennoch ist es sehr gut möglich, dass sowohl Abonnenten der einen als auch der anderen Zeitung einen Partner mit einer Anzeige bei Parship suchen. Außer einer Eingrenzung der Zielgruppe gibt es noch weitere Vorteile. Es macht deutlich mehr Mühe, einen Brief zu schreiben, ihn auszudrucken, zu unterschreiben, in ein Kuvert zu stecken und wegzubringen als nebenbei in einer Partnerbörse zu surfen und auf gut Glück jemanden anzuschreiben. Vermutlich ist die Absicht ernsthafter. Außerdem wird Ihr Text wahrscheinlich sorgfältiger geprüft, länger gelesen, jedes einzelne Wort hinterfragt. Was natürlich auch sehr interessant ist: Sie erhalten nicht nur Post in Ihr virtuelles Postfach der Partnerbörse, sondern echtes Papier in Ihren Briefkasten. So erfahren Sie meistens noch ein wenig mehr über den Absender: Hat dieser den Brief einfach durch die Frankiermaschine des Unternehmens laufen lassen? Ist eine Sonderbriefmarke darauf oder nur ein Aufkleber der Post? Welches Papier wurde benutzt? Welche Schriftart wird für private Post benutzt und wie sieht die Unterschrift aus? Gehört er oder sie sogar zu der seltenen Spezies, die diesen Brief per Hand geschrieben hat? Für einen ersten Brief auf eine Kontaktanzeige ist das eigentlich ein Muss, scheint aber nicht die Regel zu sein.

Denn gleichgültig, ob wir Grafologie als Wissenschaft betrachten oder nicht: Die Handschrift ist ein Ausdruck der Persönlichkeit und immer noch etwas Besonderes. Auch in einer Flirtphase sind hin und wieder ein paar handgeschriebene Zeilen eine schöne Geste. Und selbst wenn eine SMS, die man noch auf dem Nachhauseweg erhält („Danke für den schönen Abend"), die meisten Menschen erfreut: Es gibt mehr als SMS und E-Mail. Wie wunderbar ist es, einen Brief nicht nur in der Phase des Flirtens und Werbens, sondern später noch im Alltag zu erhalten.

Dabei sind ein handgeschriebener Brief oder eine Karte, zumindest ein Kärtchen, gerade durch ihre Seltenheit eine gute Möglichkeit, Aufmerksamkeit zu erzielen und den eigenen Stil zu betonen. Knapp 40 Prozent der Deutschen schreiben so gut wie nie einen Brief, doch immerhin 20 Prozent tun dies einmal bis mehrfach pro Monat. Nur eine verschwindende Minderheit von einem Prozent schreibt täglich. Ob das dann ein Liebesbrief ist, dürfen wir getrost unserer Fantasie überlassen.

Eine im Museumsshop gekaufte Karte mit einem Motiv, über das intensiv gesprochen wurde, ist als spontane Geste einfach perfekt: Da braucht es nicht mehr viele Worte, um den anderen zu erfreuen.

Das einzige, was es hier zu bedenken gibt: Auch Schriftverkehr kann gesteigert werden – also nicht gleich mit seitenlangen Briefen loslegen und wirkliche Liebesbriefe mit den Beteuerungen ewiger Treue nicht sofort nach der zweiten Verabredung senden.

Soziale Netzwerke wie Facebook nutzen?

Ich würde lieber live im Fernsehen
von einem Paar kalter Hände eine Rektaluntersuchung
bekommen, als eine Facebook-Seite zu haben.

(George Clooney, „Sexiest Man Alive 2006")

Drastische Worte, in der Tat. Sicher bieten soziale Netzwerke jedem, der sie klug und strategisch nutzt, eine gute Chance, sich zu vernetzen. Seien Sie sich jedoch über die negativen Seiten und Gefahren, über mangelnden Datenschutz und so weiter im Klaren. Noch mehr als bei Partnerbörsen gilt hier: Nur ein Profil einzustellen hilft nicht. Wenn Sie sich dafür entscheiden, sollten Sie auch möglichst täglich Zeit damit verbringen, Ihre Netzwerke pflegen, sich an Diskussionsgruppen beteiligen oder Beiträge in Foren einstellen. Dann können sich durchaus durch die Erweiterung des Netzwerks auch amouröse Kontakte ergeben.

Sollte man sein Date googeln?

Es gibt eine Reihe von Blogs, die diese Frage sehr kontrovers diskutieren. Vom Hinweis, das wäre ja schon wie Stalking oder eine „üble Spitzelsache" bis hin zu der dringenden Empfehlung, es zu tun, findet sich alles. Einige Kommentare weisen darauf hin, dass heutzutage schließlich so gut wie jeder Arbeitgeber den Namen des Bewerbers im Internet überprüft. Es gibt auch einige Erfahrungsberichte, in denen ein vielversprechendes Date in anderen Gruppen (Communitys) gefunden wurde – wogegen ja erst mal nichts spricht. Merkwürdig war nur, dass ein und dieselbe Person in einer Partnerbörse nach der „Traumfrau fürs Leben" suchte, in einer anderen nach einer Affäre. Und dies scheinen keine Einzelfälle zu sein. Denken Sie aber daran: Die Informationen, die man im Internet über eine andere Person findet, sind nicht immer wahr. Nur wenige kümmern sich intensiv darum, was über sie geschrieben wird – wenn auch eine Reihe von Menschen sich regelmäßig selbst googelt.

Einen potenziellen Partner im Internet zu suchen und nach weiteren Informationen zu fahnden, die die Person eventuell verschweigt, scheint mir weniger eine Frage von Moral oder Stil als von Sicherheit zu sein. Schließlich war es bis vor einigen Jahren eher so, dass man Partner über eigene soziale Netzwerke wie Universität, Arbeit oder Freizeitaktivitäten kennenlernte. So hörte man automatisch das eine oder andere über jemanden. Bei Bekanntschaften über Kontaktanzeigen oder Partnerbörsen fällt das weg – warum also nicht den modernen Ersatz dafür nehmen?

Wichtig ist, dass Sie die Informationen über einen anderen Menschen im Internet nicht als absolute Wahrheit ansehen, sondern das Internet als große Gerüchteküche und wildes Sammelsurium von Halbwahrheiten begreifen.

Mit dem Internet-Flirtpartner telefonieren

Wenn Sie auf der Suche nach einem neuen Partner sind und vielleicht auch Partnerschafts-Anzeigen geschaltet haben, dann überprüfen Sie, wie sich Ihr Ansagetext auf dem Anrufbeantworter anhört. Der Ansagetext ist wie eine Visitenkarte, vielleicht ist es ja sogar der erste Eindruck, den jemand von Ihnen hat.

Und überlegen Sie gut, ob, wo und wem Sie Ihre Telefonnummer geben. Gerade wenn Sie Anzeigen schalten oder ein Blind Date vereinbaren, sollten Sie **Geben Sie anfangs** am besten ein Handy mit einer Pre**möglichst wenige** paid-Karte benutzen. Auf diese Weise **persönliche Daten** geben Sie nicht zu viele persönliche **von sich preis.** Daten heraus, schützen sich vor Stalking und anderen Belästigungen besser und können die Prepaid-Karte mit der zugehörigen Nummer einfach entsorgen, wenn Sie sie nicht mehr brauchen oder wollen.

Mit dem Internet-Flirtpartner telefonieren

Egal ob nun für den heimischen Anrufbeantworter oder die Mailbox eines Handys, Sie sollten folgende Punkte für Ihren Ansagetext bedenken:

- Enthält der Text missverständliche Botschaften wie zum Beispiel mehrere Namen?
- Hört er sich sowohl von der Wortwahl als auch von der Stimme gut an?
- Ist die Ansage mit Du oder Sie formuliert – und wollen Sie das so?
- Was sagt die Ansage sonst noch über Sie aus: locker und eher unkonventionell, sehr kultiviert?

Schwierige Situationen

In schwierigen Situationen zeigt sich, welche Menschen wirklich Stil und vor allem Haltung haben. Beim Wort Flirten denken wir natürlich zuerst an lauter angenehme Dinge wie Herzklopfen, Komplimente, ausgehen, sich verlieben, lachen und so weiter. Dennoch: Wo immer Menschen zusammentreffen, gibt es auch Schwierigkeiten und Konflikte. Schließlich will so manch einer vielleicht flirten, mit dem wir nichts zu tun haben wollen. Oder wir müssen dem anderen, den wir immer mehr zu schätzen lernen, eine unangenehme Tatsache über uns mitteilen. Oder wir müssen lernen, mit einem Korb und einer Reihe von Enttäuschungen umzugehen.

Einen Korb geben

Es ist nichts Angenehmes, einen anderen Menschen abzuweisen, der sich öffnet und sich traut, seine Gefühle einzugestehen. Einerseits gilt es dabei Peinlichkeiten für beide Seiten zu vermeiden, es kurz und schmerzlos zu machen, andererseits wiederum so sanft vorzugehen, dass der andere sein Gesicht nicht verliert und nicht unnötig verletzt wird. Bei aller Freundlichkeit und Sanftheit darf die Deutlichkeit jedoch nicht zu kurz kommen. Gerade Männer verstehen eine ablehnende Haltung oft als Ansporn. Flirtratgeber, die sich hauptsächlich an Männer wenden, unterstützen dies noch und betonen wie bei einer Art Verkaufstraining, dass es ein Nein eigentlich nicht gibt. Das liest sich dann

Einen Korb geben ||| **167**

zum Beispiel so: Es gebe immer Hinweise dafür, dass Frauen an Männern ein gewisses Interesse hätten. Allein, dass der andere nicht wegrenne, nachdem er angesprochen worden sei, zeige ein solches Interesse, stellt von Senftleben fest. Nach dieser Argumentation macht nur das fluchtartige Verlassen der Szene eindeutig klar: „Nein, ich will wirklich nicht." Doch vermutlich haben Sie mit solchen Flirtpartnern nichts zu tun. Sie suchen schließlich jemanden mit Stil, der dadurch auch für die vielfältigen Möglichkeiten der deutschen Sprache offen ist, mit Sprache spielen kann und nicht

Was tun? Es ist nicht leicht, jemandem einen Korb zu geben!

Schwierige Situationen

nur durch einen platten, brutalen, verbalen Schlag zu bremsen ist. Menschen mit Haltung und Stil lassen dem Gegenüber genügend Raum und Würde – egal welche Rolle sie bei einem Flirt spielen. Sie handeln einfühlsam und nicht, weil sie eine Plattform suchen, auf der sie kämpfen können.

Bendenken Sie bei Ihrer Abfuhr außerdem immer: Man trifft sich zwar nicht zwangsläufig, aber dennoch oft zweimal im Leben. Wie peinlich ist es für Sie, jemanden wiederzutreffen, den Sie lieblos abgefertigt haben oder auf dessen Anrufe Sie irgendwann einfach nicht mehr reagiert haben?

Nach einem Blick durch das Restaurantfenster auf Ihre Verabredung vom Chat – deutlich erkennbar durch die Da-Vinci-Biografie in seiner Hand – einfach abzuhauen, weil Sie die 25 Kilogramm Mehrgewicht im Vergleich zu dem geschickten Foto doch sehr stören, ist stillos und feige. Manche stürzen den anderen regelrecht in Verzweiflung, weil sie nicht nur einfach davonlaufen, sondern auch das Handy ausschalten und tagelang auf keine Nachfrage reagieren, warum sie nicht gekommen sind. Da kann die Fantasie mancher Menschen schon wilde Züge annehmen: „Vielleicht ist sie im Krankenhaus und braucht dringend Unterstützung?" Oder: „Ich sehe so schlimm aus, dass ein Partner selbst nach wochenlangen intensiven und persönlichen E-Mails und nach stundenlangen Gesprächen über die tiefsten Abgründe unserer Seele schnellstens Reißaus nimmt …"

Wenn Sie wirklich eine unwiderstehliche Person sein wollen, gehört dazu auch eine ganze Portion an menschlicher Größe. Sie müssen unangenehmen Dingen klar ins Auge sehen, tapfer eine Situation durchstehen und nicht kneifen. Auch Männer mit Beschützerinstinkten wollen keine Memme an ihrer Seite. Das bedeutet andererseits natürlich nicht, dass Sie nun hingehen und mit lauter Stimme sagen: „Du siehst anders als auf dem Foto bei ‚Traumpartner‘ aus. Du gefällst mir doch nicht! Tschüss."

Erleben Sie eine solche Situation bei Ihrer Verabredung, sollten Sie sich zwischen zwei Möglichkeiten entscheiden:

1. Sie begrüßen denjenigen, setzen sich kurz hin und erklären, dass sich seit Ihrer Verabredung Ihre Situation geändert hat, sie aber nicht einfach kurzfristig per SMS absagen wollten, und dass Sie um Verständnis bitten. Was sich genau geändert hat, brauchen Sie nicht auszuführen. Für Sie hat sich geändert, dass Sie die Person weniger sympathisch finden als vermutet. Wenn Ihr Gesprächspartner daraus schließt, dass Sie vor drei Stunden beim Aussteigen aus dem Zug den Traumpartner getroffen haben, ist das seine Fantasie und in Ordnung.

2. Sie ziehen das Treffen durch und melden sich danach beim anderen, um ihm zu sagen, dass Sie wohl doch nicht so gut zusammenpassen und Sie sich nicht mehr verabreden wollen.

Eine andere Situation, einen Korb zu geben, ist folgende: Jemand fragt Sie nach Ihrer Telefonnummer, Sie möchten diese aber nicht hergeben. Dann ist es nicht sehr stilvoll – wenn auch ein leichter Weg – einfach eine falsche Nummer anzugeben, wie es anscheinend relativ viele Frauen tun. Spielen Sie besser sofort mit offenen Karten und sagen Sie: „Das möchte ich nicht". Abmildern kann man es durch:

„Nicht böse sein, ich möchte das nicht." Oder: „Danke für die Frage. Ich möchte es aber nicht." Eine andere Möglichkeit, die sich vor allem dann anbietet, wenn Sie ein wenig verwirrt oder unentschlossen sind: „Geben Sie mir doch Ihre Telefonnummer. Ich melde mich dann." So behalten Sie die Kontrolle darüber und können später immer noch entscheiden, ob Sie anrufen oder nicht, ob Sie vielleicht eine SMS mit Ihrer Nummer schicken oder ob Sie einfach noch ein paar Tage abwarten möchten.

Einen Korb bekommen

Wer einen Korb bekommt, wird vielleicht erst einmal seine Wunden lecken wollen. Umso mehr, je länger die Vorgeschichte schon dauerte. Das ist auch in Ordnung, lassen Sie Ihre Enttäuschung, vielleicht auch Trauer und Frustration zu. Versuchen Sie, es sportlich zu sehen. Es war nur ein Korb. Der Mensch hat Sie einfach nicht verdient!

Wer sich nach einem Korb in die eigenen vier Wände verkriecht und sich schwört, ab jetzt nie wieder jemanden anzusprechen, weil diese Abfuhr ja so peinlich war, der nimmt sich die Chance, beim nächsten Versuch ein charmantes Lächeln und ein interessantes Gespräch, ein Kompliment und eine Verabredung zu erhalten.

Und wer verbissen denkt: „Jetzt erst recht. Ich. Fange. Mir. Jetzt. Einen. Partner.", der wird wahrscheinlich auch keinen Erfolg haben. Eine gewisse Hartnäckigkeit ist dabei oft nicht so schlecht – Verbissenheit dagegen immer.

Wenn Sie Ihren ersten Schock überwunden haben, fragen Sie sich lieber: „Was hätte ich anders machen können? Hätte ich nicht schon viel eher erkennen müssen, dass das nichts wird?" Nehmen Sie den Korb als Feedback für Ihr Trainingsprogramm bezüglich Menschenkenntnis und Körpersprache. Wer etwas unternimmt, der macht eben auch Fehler. Keine Fehler und keine Fehlschläge erlebt nur, wer hinter verschlossenen Türen sitzt und darauf wartet, dass an einem sonnigen Sonntag im Mai der Traumpartner mit der Hochzeitskutsche vorfährt.

Deutlich und freundlich Nein sagen

Ist Ihr Nein ein Nein? Wann verstehen Männer ein Nein als Vielleicht oder als Ja? Wie deutlich kommt Ihre Botschaft an, wenn Sie verschämt darum bitten, den Geburtstag oder Namenstag zu ignorieren, weil Sie dieses Fest nicht leiden mögen, und eine Woche später anschaulich darüber erzählen, wie nett Sie mit Ihren Freundinnen gefeiert haben?

Vor allem Frauen neigen oft dazu, sehr indirekt zu sprechen. Das gilt in vielen Fällen als sehr höflich.

Beobachten Sie sich einmal selbst, ob Sie des Öfteren eines oder mehrere Wörter der folgenden Liste verwenden:
- eigentlich,
- wahrscheinlich,
- irgendwie,
- ziemlich,
- ich glaube,

Schwierige Situationen

- ich bin mir nicht sicher,
- vielleicht,
- ich weiß nicht genau,
- könnte,
- würde.

Frauen haben leider immer wieder das Problem, dass Männer Desinteresse mit Sich-rar-Machen oder Schüchternheit verwechseln. Es kann also sein, dass bestimmte Signale einfach falsch interpretiert werden und genau das Gegenteil dessen bewirken, was wir erhofft haben: Er legt sich so richtig ins Zeug. Eine Frau, die ein wenig ausweichend reagiert, vielleicht nach einer Nachricht auf dem Anrufbeantworter nicht zurückruft oder bei mehrmaligen Einladungen immer keine Zeit hat, entfacht dadurch sein Jagdfieber unter Umständen erst so richtig. ElitePartner hat seine weiblichen Mitglieder befragt, wie sie sich verhalten, wenn sie kein Interesse an weiteren Verabredungen haben:

1. Ich lasse mich nicht einladen. (40 Prozent)
2. Ich gebe vor, sehr beschäftigt zu sein. (39 Prozent)
3. Ich verschiebe Treffen. (34 Prozent)
4. Ich nehme ihn zur Begrüßung nicht in den Arm. (31 Prozent)
5. Ich warte länger, bis ich mich zurückmelde. (26 Prozent)

Es gibt sogar Frauen, die eine Freundin mit zur Verabredung bringen, andere wiederum vermeiden einfach den Blickkontakt. Ein klares Wort scheint da Männern gegenüber einfach der sicherere Weg zu sein. Männer hingegen scheinen zu denken, dass eine Frau ihr Desinteresse schnell bemerkt, wenn sie nicht dauernd Kopfstand machen und auf den

Händen laufen. Wann immer Sie also rätseln „Will er nun oder will er nicht?", ist die Wahrscheinlichkeit eines Neins bei ihm groß. Andernfalls hätte er etwas gesagt oder getan.

Unangenehme Dinge über sich sagen

„… ohne den Stempel ‚authentisch' ist nichts zu wollen. Es ist das Gütesiegel des neuen Jahrtausends geworden. Das Echte ist gefragt, ohne dass jemand fragt, was echt sei." So Eva Gesine Baur in einem Artikel in „Madame".

Ja, was ist echt, was eine Rolle, die wir in Beruf und Privatleben spielen? Es ist meist beides, da jede Rolle ja auch ein Teil unserer Persönlichkeit ist. Natürlich sollte man einem Menschen, der auf dem Weg ist, unser neuer Lebenspartner zu werden, nichts vorspielen. Doch tatsächliche und absolute Ehrlichkeit ist gleichfalls fehl am Platz – wobei ich keineswegs für Lügen plädieren möchte.

Was immer und auf jeden Fall abschreckend wirkt, sind alle Formen des Jammerns, insbesondere Selbstmitleid. Das will bei ersten amourösen Verabredungen niemand haben. Es ist vielleicht ehrlich, weil es Ihnen wirklich so schlecht geht und Sie einfach ganz furchtbar darunter leiden, wie Ihr Ex-Mann oder Ihre Ex-Frau Sie über drei Jahre hinweg betrogen hat. Doch ganz gleich, wie sehr es Ihre Seelenlage widerspiegelt, rufen Sie eine Freundin oder Ihre Mutter an, schreiben Sie Tagebuch oder gehen Sie zum Therapeuten. Verschonen Sie aber Ihr Date damit, auch wenn Sie „authentisch" sein wollen. Verschieben Sie im Zweifelsfall einfach ein erstes oder zweites Treffen, wenn Sie nicht aus Ihrem Stimmungstief herauskommen.

Unangenehme, aber elementare Dinge sollte Ihre Verabredung dagegen wissen. Überlegen Sie, wie es für Sie wäre, erst nach mehreren Wochen zu erfahren, dass Ihr Flirt in wenigen Tagen zum neuen Job nach Neuseeland aufbricht. Wie ginge es Ihnen bei der Nachricht, dass der andere eine sehr schwere Krankheit hat, gerade mitten in der Scheidung steckt und um das Sorgerecht für sieben Kinder streitet? Sagen Sie das, was Sie für wichtig halten. So kurz wie möglich. Die Details können später folgen.

Teilen Sie Ihrer Verabredung wichtige unangenehme Dinge mit.

Wer zum Beispiel keinen Alkohol trinkt, der wird das vermutlich recht bald erklären müssen. Sagen Sie beim ersten oder zweiten Mal einfach: „Nein, danke. Für mich nicht." Das muss reichen. Wer Sie drängelt oder nachbohrt, zeigt nur mangelnde Sensibilität. Bei der zweiten oder dritten Verabredung können Sie einfach kurz und knapp sagen: „Bei meinen Eltern war Alkohol verpönt. Es gab nie welchen, auch als Erwachsener habe ich mich nie daran gewöhnt." Oder: „Ich hatte vor einigen Jahren Probleme damit, darum verzichte ich jetzt lieber völlig darauf." Das muss reichen.

Wer etwas in seiner Biografie hat, das zwar wichtig, doch etwas unangenehm zu erzählen ist, sollte sich in Ruhe eine Strategie und einen Zeitpunkt überlegen, an dem er diesen dunklen Fleck in seinem Lebenslauf zur Sprache bringen möchte, und planen, was er dann sagen will.

Einen Flirt per SMS beenden

Die London School of Economics untersuchte im Jahr 2006, in welchen europäischen Ländern das Beenden einer Beziehung per SMS üblich ist. 5000 Handybesitzer in fünf Ländern wurden befragt. Die gute Nachricht: Deutschland liegt mit vier Prozent auf dem vorletzten Platz. Die Franzosen, denen man meist ein besonderes Gefühl für Stil und Eleganz nachsagt, führten mit satten 30 Prozent! Eine Befragung unter Nutzern von iPhones und BlackBerrys in den USA zeigt, dass zumindest bis 2009 schon ein knappes Drittel der Nutzer eine Beziehung per SMS oder E-Mail beendet hatte. Es wird also in Zukunft mehr werden, das scheint sicher zu sein. Es mag so bequem erscheinen: Wir müssen in kein trauriges Gesicht blicken, keine Tränen und keine unbequemen Fragen erdulden. Wer so abserviert wird, sollte sich freuen, den anderen schon so früh losgeworden zu sein. Mit Wertschätzung und Achtung hat das nichts zu tun: Man tut es einfach nicht.

Das erste Date

ElitePartner fragte 2009 nach den beliebtesten Unternehmungen für eine erste Verabredung. Rund 77 Prozent der Frauen, aber nur 65 Prozent der Männer stimmten für „Kaffeetrinken gehen". Auch sonst scheinen die Vorlieben auseinanderzugehen. Etwa 9 Prozent der Männer schlagen ein Treffen zu Hause vor, bei den Frauen sind es nur verschwindende 3,5 Prozent. Auf Platz zwei nach dem Kaffeetrinken liegt ein gemeinsames Essen, dicht gefolgt von einem Spaziergang, doch rund ein Drittel würde etwas „Originelles" vorschlagen.

Originell – das kann sicher vieles sein. Manche gehen sogar noch weiter und suchen nicht nur etwas, das aus dem Rahmen fällt, sondern etwas, das auf jeden Fall für Nervenkitzel sorgt. Der Hintergrund ist recht einfach: Aufregende Begleitumstände lassen das Herz klopfen. Wir können nicht zwischen Aufregung und Erregung unterscheiden. Flirtforscher (die gibt es wirklich!) diskutieren immer wieder die Ergebnisse des sogenannten Brücken-Experiments: Hier wurden Männer über zwei verschiedene Fußgängerbrücken geschickt, an deren Ende jeweils eine gut aussehende Frau mit einem Fragebogen stand. Sie gab jedem Mann ihre Telefonnummer. Die erste Brücke war eine gut gesicherte, stabile und niedrige Holzbrücke. Bei der zweiten handelte es sich um einen 140 Meter langen, schwankenden, nur einen Meter breiten Steg in 70 Metern Höhe. Die Ergebnisse sprechen für sich: Bei der ersten Brücke riefen nur 10 Prozent der Männer die Frau an, beim zweiten Experiment war es rund die Hälfte.

Wer auf „Teufel-komm-raus" jemanden erobern möchte, dessen Chancen steigen, wenn das erste Date etwas Aufregendes ist. Ob das dazu führt, dass eine Beziehung wirklich langfristig wird oder nur ein kurzes Strohfeuer, weiß man noch nicht.

Wer klug ist, wird als Frau bei einer ersten Verabredung nicht nur auf Stil, sondern auch auf Sicherheit achten. Gerade bei Unbekannten, die Sie vielleicht über das Internet kennengelernt haben, sollten Sie unbedingt ein paar Regeln beherzigen:

- Wählen Sie für die ersten Verabredungen immer möglichst belebte und öffentliche Plätze.
- Sagen Sie einer guten Freundin, wo Sie sind, mit wem Sie sich treffen und wann Sie sich zurückmelden werden.

Wenn Sie jemanden über eine Kontaktanzeige oder über das Internet kennengelernt haben, birgt ein erstes Treffen oftmals so manche Überraschung. Nicht wenige berichten von ihrer Verblüffung, wie wenig der andere dem Foto glich oder wie gering die Kenntnisse eines angeblichen Kulturinteressierten waren. Der musste dann doch zugeben, seine Kommentare über die gerade so heiß diskutierte Inszenierung am hiesigen Theater aus dem Internet kopiert zu haben und selbst gar nicht da gewesen zu sein. Er habe aber gedacht, dass ihr das gefalle. Um solche Situationen möglichst unbeschadet zu überstehen, hilft nicht nur eine Portion Humor, sinnvoll sind auch ein paar Vorsichtsmaßnahmen:

- Halten Sie Ihre erste Verabredung knapp. Trinken Sie nur eine Tasse Kaffee oder einen Drink in einer Bar.
- Begrenzen Sie die Zeit ruhig von vornherein auf eine halbe Stunde, maximal eine Stunde.
- Bauen Sie vor und formulieren Sie schon bei der Terminfindung „ein erstes kurzes Treffen".
- Nennen Sie deutlich eine Zeitspanne: „So von 18.00 bis 19.00 Uhr?"

Ein erstes Date ist nur dazu da zu prüfen, inwieweit eine vermutete Sympathie oder Anziehung tatsächlich vorhanden ist. Je entspannter Sie dazu stehen, umso entspannter wird das Treffen. Je mehr Sie es mit Vorerwartungen aufheizen – es soll Menschen geben, die nicht nur die Wohnung auf Vordermann bringen, falls man zu zweit nach Hause kommt,

> **Je entspannter Sie bei Ihrem Blind Date sind, desto angenehmer wird es verlaufen.**

sondern sich auch schon überlegen, welcher Stadtteil der beste für die zukünftige gemeinsame Wohnung wäre –, umso schwieriger wird das Treffen und umso bitterer schmeckt die Enttäuschung, wenn es dann doch nicht so romantisch ist.

Die Toleranz gegenüber Verspätungen ist bei dieser Art von Verabredung noch geringer als sonst. Auch den anderen ein wenig warten zu lassen, um die Spannung zu steigern, ist nicht sehr stilvoll. Es ist doch sehr durchsichtig und damit kindisch und peinlich. Kommen Sie pünktlich, denn der andere ist auch ein Mensch mit Hoffnungen und Ängsten. Er fragt sich sonst vielleicht, ob Sie gar nicht mehr kommen, weil Sie es sich anders überlegt haben.

Warten Sie auch nicht vor einem Café oder Restaurant, sondern gehen Sie zu einem reservierten oder freien Tisch. Mir wurde erzählt, dass mancher Bindungswillige sich in einer merkwürdigen Verkleidung schon einige Zeit vor der Verabredung am vereinbarten Ort aufhält, um vor dem Treffen einen Blick auf die noch fremde Person zu erhaschen, die mit dem verabredeten Zeichen – einer zusammengerollten Zeitung – wartet. So könne man besser die Flucht ergreifen und mit dem Handy die Verabredung absagen, hieß es. Mit wertschätzendem Verhalten gegenüber Mitmenschen und selbstbewusstem Auftreten hat das aber nichts mehr zu tun.

Wer auf den ersten Blick erkennt, dass der andere nichts für ihn ist, sollte das bald auf freundliche Art ehrlich zur Sprache bringen. Alles andere quält nur. Irgendwann müssen Sie es sagen, warum also warten? Spüren Sie, dass Sie den anderen so stark ablehnen, dass Sie auf keinen Fall die verabredete Zeit miteinander verbringen wollen, dann beenden Sie die unangenehme Situation möglichst schnell. Sie machen es dem anderen und auch sich selbst leichter, wenn Sie die unangenehme Botschaft so verpacken, dass sich niemand abgelehnt fühlt. Formulieren Sie es so, dass der Grund bei Ihnen liegt. Das kann zum Beispiel sein:

- „Ich habe gestern jemanden kennengelernt. Nachdem wir aber so viel und so lange gemailt haben, wollte ich es dir einfach lieber persönlich sagen. Es tut mir leid."
- „Ich habe gemerkt, dass ich doch noch nicht offen für eine neue Beziehung bin."
- „Ich glaube, so ein Kennenlernen über das Internet und dann eine Verabredung ist doch nicht das Richtige für mich. Damit fühle ich mich einfach nicht wohl."

Natürlich ist es ebenfalls völlig in Ordnung, mit dem anderen eine halbe Stunde zu verbringen und erst dann oder später zu sagen, dass man kein neues Treffen wünscht.

Und wenn alles gut läuft: Die Zeitschrift „Elle" hat im Jahr 2004 eine Umfrage in Auftrag gegeben, die sich unter anderem mit den Worten „Ich liebe dich" beschäftigt. 91 Prozent der Frauen und 85 Prozent der Männer finden demnach, wer es ernst meine, solle diese Worte nicht so schnell gebrauchen. Dies gilt genauso für andere Zeichen der Zuneigung. Wer mit einem dicken Strauß roter Rosen zu einer ersten Verabredung, vielleicht sogar zu einem ersten Kennenlernen nach seinem Kontakt im Internet und Telefonaten kommt, sollte aus gutem Grund mit Misstrauen rechnen. Das hat weder Sinn noch Stil.

Gesprächsthemen beim ersten Date

Menschen, egal welchen Geschlechts, sprechen am liebsten über sich. Einige Unterschiede gibt es jedoch auch hier bei Männern und Frauen – wenn man den Untersuchungen glauben darf. Männer scheinen eher über ihre Erfolge in Beruf und Privatleben zu sprechen, Frauen eher über frühere Enttäuschungen und Probleme. Das scheint beides um so mehr der Fall zu sein, wenn es sich um ein Blind Date handelt. Stilvoll ist nichts davon.

Bei diesen Gesprächen ist es wichtig herauszufinden, ob Sie Gemeinsamkeiten haben. Falls das so ist, betonen Sie diese. Wer mit klopfendem Herzen dasitzt und immer nur „Ja,

Gesprächsthemen beim ersten Date

das kenne ich" oder „Ich auch!" stammelt, tut dafür nicht genug. Berichtet aber Ihre Verabredung, was er oder sie für erhebende Gefühle beim ersten Marathonlauf hatte, können Sie über ähnliche Erlebnisse sprechen, die Sie selbst beim Sport erlebt haben.

Über folgende Dinge sollten Sie jedoch bei einem Blind Date nicht sprechen, selbst wenn es Sie zurzeit auch sehr stark beschäftigt:
- finanzielle Sorgen,
- gesundheitliche Probleme,
- alle möglichen Dinge, die Ihrer Schwester, Ihrer Nachbarin, Ihrer Tante oder Ihrer Ex-Schwiegermutter gerade widerfahren,
- Lästern über andere Menschen,
- allgemeine und spezielle Eigenschaften Ihres Ex-Partners,
- Babys sowie Ihre weitere Lebensplanung,
- Ihre Idee von einer Traumhochzeit.

Wenn es gelingt, das Gespräch und die Situation mit dem Flirtpartner so zu gestalten, dass es genügend – wenn auch kurze – positive Momente gibt, bleibt die gesamte Situation als angenehm in Erinnerung und man will mehr davon.

Aus diesem Grund ist es psychologisch ungünstig, die ersten Treffen mit Fragen wie „Was war dein schrecklichstes Urlaubserlebnis?" oder „Wann hast du dich schon mal so richtig blamiert?" zu bestreiten. Auch nicht, wenn diese Fragen zweifellos ein interessantes Gespräch ergeben können und uns einige aufschlussreiche Dinge über den Menschen vor uns verraten.

Stellt man hingegen Fragen wie in den folgenden Beispielen, ist es leichter, auf einer positiven Ebene zu bleiben:

- „Was fasziniert dich am meisten an …?"
- „Wie bist du darauf gekommen, dich für xy zu interessieren?"
- „Kennst du das Gefühl, wenn morgens beim Frühstück plötzlich dein Lieblingslied im Radio läuft?"

Um schneller ein Gefühl von Verständnis und Vertrautheit aufzubauen, das ja beim anderen wiederum ein Wohlgefühl auslöst, greifen geübte Kommunikatoren nicht nur beim Small Talk zur Technik des Paraphrasierens, des Nacherzählens. Hier werden einfache Sätze oder Satzteile in eigenen Worten wiedergegeben – beim Flirten am besten Inhalte, die die Gefühle des anderen betreffen:

- „Ich habe den Eindruck, Segeln hat für dich viel mit ungetrübter Lebensfreude zu tun."
- „Lesen scheint für dich einer der wichtigsten Lebensinhalte zu sein."

Der andere fühlt sich dadurch ungeheuer gut verstanden und erzählt dann natürlich gern mehr, im Idealfall möchte er ein neues Treffen vereinbaren.

Ins Restaurant gehen

Gemeinsam essen zu gehen, gehört also zu den Favoriten bei der ersten Verabredung. Laut einer Studie von ElitePartner entscheiden sich rund drei Viertel der Befragten dafür, entweder gemeinsam essen oder in ein Café zu gehen.

Fachsimpeln Sie nicht zum Wein. Wer immer gern *Tschianti* bestellt, muss sich nicht wundern, wenn das stilvolle Date die Flucht ergreift. Wer Plattitüden wie „ganz schön rund im Abgang" von sich gibt, beweist ebenso wenig Stil wie jemand, der bei den üblichen französischen Begriffen auf der Speisekarte schon ins Stottern kommt. Es gibt eine Reihe von Untersuchungen, die sich damit beschäftigt haben, was sich Männer von Frauen und Frauen von Männern wünschen. Neben eher geschlechtsspezifischen Wünschen kommt der Punkt Bildung bei beiden vor und wird immer unter den ersten Punkten genannt. Ein Restaurant ist ein guter Ort, um Bildung, Kultur und Weltgewandtheit zu zeigen und zu testen.

||| **Tipp:**
Essen und Trinken kann sehr sinnlich sein. Das meint aber nicht, sich ständig über die Lippen zu lecken, eine Banane zu essen oder vermeintlich aphrodisierende Speisen zu bestellen. Wer mit Genuss und Hingabe isst und nicht nur auf einem Salatblatt herumkaut, wirkt vielmehr automatisch anziehend. Genießen Sie beim Essen einfach jeden Bissen mit allen Sinnen, selbst wenn Sie auf Ihre Linie achten müssen.

Das richtige Restaurant auswählen

Wenn Sie sich für eine Ihrer ersten Verabredungen zum Essen treffen wollen, sollten Sie bei der Auswahl des Restaurants folgende Dinge beachten:

- Es sollte für beide gut zu erreichen sein.
- Nehmen Sie nicht Ihre Stammkneipe um die Ecke, wo Sie jeder kennt.

- Wählen Sie möglichst ein Restaurant, in dem Sie schon einmal waren.
- Reservieren Sie einen Tisch.
- Wählen Sie ein Restaurant, das vom Stil, dem gesamten Ambiente, den Speisen und der Preisklasse für beide geeignet ist.
- Entscheiden Sie sich nicht für das allerromantischste Restaurant, das Sie kennen. Sonst können Sie sich später nicht mehr steigern, und es ist vielleicht für den anderen am Anfang doch zu kuschelig.
- Sprechen Sie vorher ab, ob es eine Einladung ist oder ob jeder für sich selbst zahlt.
- Egal was Sie besprochen haben: Nehmen Sie genügend Bargeld mit, falls doch alles schiefgeht …

Blumen mitbringen?

Ein paar Blumen sind immer eine nette Geste bei einer Essenseinladung nach Hause. Die meisten Haushalte verfügen über genügend Vasen und Gefäße; die Schnittblumen erfreuen die Gastgeber dann nicht nur an diesem Abend, sondern auch an den folgenden Tagen.

Bei einer Einladung in ein Restaurant ist das anders. Hier gibt es selten eine Möglichkeit, die Blumen ins Wasser zu stellen. Sie passen oft nicht zur Tischdekoration und oftmals fehlt die Vase. Und selbst wenn sich hier eine gute Lösung fände, stellt sich die Frage, was mit den Blumen nach dem Essen passiert. Vielleicht möchten Sie ja noch in eine Bar oder zum Tanzen gehen. Da macht es keinen Spaß, immer einen nassen Strauß mit sich herumzutragen. Und er erfreut am nächsten Tag bestimmt nicht mehr so recht.

Also: Keine Blumen ins Restaurant! Wenn jemand gern ein paar Blumen mitbringen möchte und auf keinen Fall darauf verzichten kann, sollte er bitte an den Beschenkten denken. Es sollte ein wirklich ganz kleines Sträußchen sein, das noch auf den Tisch passt, mehr ein Symbol als ein wirklicher Strauß.

Erscheint Ihre Verabredung mit einem dicken Strauß Blumen im Restaurant, wissen Sie, dass er es zwar vermutlich gut gemeint hat, aber nicht unbedingt stilvoll und aufmerksam ist. Ein Mann von Welt weiß, dass das eine unpassende Geste ist.

Vor und nach dem Essen

Wenn eine Frau möchte, dass ein Mann sich wie ein Herr benimmt, muss sie sich schon wie eine Dame verhalten.

(Elisabeth Bonneau)

Kommen Sie gemeinsam, zum Beispiel weil der Mann die Dame abgeholt hat oder weil Sie beide vorher etwas anderes unternommen haben, so öffnet der Herr der Dame in seiner Begleitung die Türe. Die Dame betritt darauf das Restaurant, geht also zuerst hinein, und bleibt am Eingang stehen. Der Herr überholt sie und geht vor ihr durch das Restaurant. Nur wenn die Dame stehen bleibt, kann der Mann sich auch wie ein Herr benehmen. Marschiert sie bereits zielstrebig auf einen Tisch zu, hat er keine Chance. Bis vor einigen Jahrzehnten konnte der Mann nur so überprüfen, ob der Ort auch sicher und für die Dame zumutbar ist. Zudem vermochte er so die Dame auch vor fremden Blicken zu schützen. Dies kommt uns heutzutage sicher ein wenig merkwürdig und vermutlich auch überflüssig vor.

186 | Das erste Date

Wir gehen heute eher davon aus, dass die voranschreitende Person ihren Gastgeberpflichten so am besten nachkommen kann. Wer zuerst durch das Restaurant geht, hat es leichter, sich an den Service zu wenden und nach dem reservierten Tisch zu fragen oder nach einem geeigneten Tisch Ausschau zu halten und ihn seiner Begleitung vorzuschlagen. Stilvolle Menschen reservieren natürlich vor ihrem gemeinsamen Essen immer einen Tisch.

Lassen Sie sich ein Date im Restaurant nicht aus Angst vor Fettnäpfchen verderben: Mit wenigen Etikette-Tipps trotzen Sie peinlichen Situationen!

Ins Restaurant gehen

Auch wenn der Mann bei der Verabredung vielleicht kein Gastgeber im klassischen Sinne ist, also die Rechnung begleicht, wäre die oben beschriebene Vorgehensweise stilvoll.

Lädt hingegen eine Frau explizit ein, öffnet sie als Gastgeberin die Tür, lässt ihren Gast eintreten, geht an ihm vorbei und fragt nach dem von ihr reservierten Tisch. Doch trotz der guten Absicht funktioniert das nicht einmal im Beruf reibungslos. Sind Sie als Frau Gastgeberin, können Sie davon ausgehen, dass die meisten Männer Ihnen dennoch die Tür aufhalten. Umso leichter haben Sie es, wenn Sie voran durch das Restaurant marschieren. Es ist wichtig, sich dann dem Service relativ eindeutig als Gastgeberin zu präsentieren: Fragen Sie nach dem Tisch, geben Sie die Bestellung auf und so weiter. Nur so haben Sie eine gute Chance, die Rechnung zu erhalten, wenn Sie darum bitten.

Übrigens: Geht bei einem Paar der Kellner vorneweg und führt die beiden zu ihrem Tisch, so geht zuerst die Dame, dann der Herr. Hier ändert sich also die Reihenfolge, die Dame wird sozusagen in die Mitte genommen.

Haben Sie sich zu einer bestimmten Uhrzeit zum Essen verabredet, so treffen Sie sich beide am Tisch.

Egal, wer nun einlädt: Es sollte selbstverständlich sein, im Vorfeld einen Tisch zu reservieren. Schließlich wünscht sich der Eingeladene, dass sich der andere darum gekümmert hat, weil es ihm oder auch ihr wichtig ist. Außerdem ist es so leichter, sich zu finden – gerade wenn Sie sich noch nicht kennen. Selbstverständlich kommen Menschen mit Stil nicht einmal auf die Idee, vor dem Restaurant auf jemanden zu warten!

Zeitgemäße Kavaliersgesten

Ob es noch zeitgemäß ist, einer Frau in den Mantel zu helfen, scheint viele zu beschäftigen. In den letzten Jahren gab es gleich zwei repräsentative Meinungsumfragen zu diesem Thema, die beide eine deutliche Sprache sprechen. So erwarten nach einer Emnid-Umfrage im Auftrag der Zeitschrift „chrismon" über 70 Prozent der Frauen, dass ihnen Männer mit dem Mantel behilflich sind. Im Auftrag des Magazins „Playboy" fand Emnid 2006 heraus, dass insgesamt 87 Prozent der Deutschen es zeitgemäß finden, wenn der Mann der Frau in den Mantel hilft.

Dennoch scheuen sich viele Männer, ihrer Begleitung behilflich zu sein. Einige berichten, sie seien bei diesem Versuch schon einige Male von Frauen angefahren worden: Sie bräuchten niemanden, der ihnen einen Mantel abnehme, das könnten sie schon allein.

Manchmal sind Männer wirklich zu bedauern – wie sie es machen, ist es verkehrt. Die Lösung aber ist einfach: Wenn Sie als Mann sichergehen wollen, dass diese Geste geschätzt wird, fragen Sie einfach: „Darf ich Ihnen den Mantel abnehmen?" Eine höfliche Dame wird immer Ja sagen, auch wenn sie diese Hilfe gar nicht so gerne mag. Das bedeutet nicht, dass sie alles mitmachen muss. Möchte sie nicht, dass ihr der Mann beim Hinausschlüpfen aus dem Mantel so nahe kommt, dass er ihren Mantel hält, zieht sie den Mantel freundlich lächelnd aus und reicht ihn dem Mann. Hat sie es allerdings gern, dreht sie sich ein wenig und wendet dem Herrn einen Moment lang den Rücken zu. So kann er den Mantel besser fassen. Eine nur in Nuancen andere Körpersprache entscheidet also, wie es weitergeht, nachdem der Herr seine Frage gestellt hat.

Allein die Frage und die helfende Hand machen aber in dieser Situation noch keinen perfekten Kavalier. So mancher Mann denkt von sich selbst, er sei der vollendete Gentleman, wenn er seiner Begleiterin mit der Garderobe behilflich ist, und so manche Frau lässt sich davon beeindrucken. Es kommt jedoch auf die Details und auf die Selbstverständlichkeit an, mit der diese Geste ausgeführt wird.

Zu den Details gehört auch die Reihenfolge der Handgriffe. Verlassen beide das Restaurant oder Café, ist es weniger aufmerksam, wenn der Herr zuerst der Dame in den Mantel hilft. Jetzt geht es anders herum: Er zieht erst seinen eigenen an, dann kommt die Dame an der Reihe. Ein Gentleman möchte schließlich nicht, dass die Dame in ihrem warmen Mantel neben ihm stehen und warten muss.

In der Phase des Kennenlernens bieten diese vielen kleinen Gesten gute Möglichkeiten, aufmerksam zu sein beziehungsweise zu überprüfen, wie aufmerksam und stilsicher der andere wirklich ist.

„Damenkarten"
Manche Frau ist völlig verblüfft, wenn sie zu ihrer ersten Verabredung mit einem noch relativ unbekannten Mann in ein Restaurant geht und ihr eine Karte ohne Preise gereicht

wird. Früher gang und gäbe, ist das heute eher selten. Früher wollte man eine Dame nicht damit verwirren und belasten, die Preise zu sehen. Sie sollte frei bestellen. Das war schon damals nicht so, denn natürlich wusste jede Frau, dass es zwischen Rührei und Austern einen Unterschied gibt. Heute heißt die Karte nicht mehr Damenkarte. Das scheint politisch nicht mehr korrekt zu sein und erinnert auch tatsächlich zu sehr an die Fünfzigerjahre. Dennoch gibt es solche Karten noch in einigen sehr guten Restaurants. Jetzt nennt man sie Gästekarte. Halten Sie so eine Karte in Händen, sind Sie auf jeden Fall eingeladen. Lassen Sie sich wie mit einer normalen Karte durch den Gastgeber führen, sich Gerichte empfehlen und entscheiden Sie nach Situation wohlüberlegt, in welcher Preiskategorie Sie wählen. Agiert der Einladende nicht wie ein guter Gastgeber, kann man immer fragen: „Was können Sie mir empfehlen?" oder auch: „Was nehmen Sie denn?"

Vergessen Sie bitte nicht: Ein Mann, der ein solches Restaurant vorschlägt, möchte Sie umsorgen, nicht bevormunden. Sie wollen flirten, nicht verhandeln. Genießen Sie es als Frau einfach. Männer tun gut daran, sich zu überlegen, ob ein Restaurant mit Gästekarten die beste Wahl für ein erstes gemeinsames Essen ist.

Sich selbst nachschenken?

Nun, der Grund, in ein Restaurant zu gehen, ist, rundum verwöhnt zu werden. Nicht nur die Arbeit in der Küche und das Einkaufen bleiben uns erspart, nein, es geht um ein Rundum-Verwöhnprogramm. So können wir uns völlig auf unser Gegenüber und das Gespräch einlassen, wir brauchen

Ins Restaurant gehen | | | 191

uns um nichts anderes zu kümmern. Wenn Sie verabredet sind, dann gilt in einer unklaren Situation, in der nicht so sicher scheint, wer bezahlt: Der Gast beziehungsweise die Frau genießt den vollen Service. Prinzipiell ist der Service für das Nachschenken zuständig, selbst wenn es möglicherweise einen Weinkühler direkt am Tisch gibt. Versäumen die Angestellten nachzuschenken, können Sie sie mit Blickkontakt und diskretem Handzeichen darauf aufmerksam machen. Nur bei schlechtem und unaufmerksamem Service sollten Sie das selbst übernehmen. Anders verhält es sich bei Wasser, das auf dem Tisch steht. Hier können und sollen sich die Gäste selbst bedienen, nachdem der Service das erste Mal eingeschenkt hat. Doch, wie gesagt, die Dame sollte hier den vollen Service genießen. Ein aufmerksamer Tischherr wird dafür sorgen, dass sie nicht auf dem Trockenen sitzt. Versäumt er das, können Sie testen, wie schnell er in Ihrer Begleitung auf diskrete Hinweise reagiert, sprich, wie aufmerksam er Ihre Bedürfnisse wahrnimmt und danach handelt. Ein Blick zum leeren Glas sollte ausreichen. Falls nicht, greifen Sie beherzt selbst zu. Es bleibt nur zu hoffen, dass sich Ihr Flirtpartner dann selbst an die Nase fasst und den Rest des Abends etwas aufmerksamer ist. Auch eine Frau kann sich schließlich nur wie eine Dame verhalten, wenn ihr Begleiter ein Kavalier ist und wie einer handelt.

Miteinander anstoßen?

Meistens wird heute nicht angestoßen, sondern zugeprostet. Das Anstoßen ist ganz besonderen Gelegenheiten vorbehalten. Menschen mit Stil wissen das und setzen deshalb diese Geste wohldosiert ein. Wer sich zum ersten Mal nach einer Phase des Online-Flirtens, E-Mail-Schreibens und Telefonierens trifft und dann gleich anstößt, der betont zwar das Besondere an der Situation, lässt jedoch vermuten, dass er das üblicherweise tut. Stilvoll ist etwas anderes. Stilvoll wäre, sich beim ersten Mal zuzuprosten und erst anzustoßen, wenn beide der Meinung sind, heute gebe es wirklich etwas zu feiern. Ob aber die Gläser klingen oder nicht: Blickkontakt gehört immer dazu, auch wenn es kein tiefer sein muss. Bei beiden Versionen gilt: Den anderen ansehen, einen Schluck trinken, nochmals Blickkontakt aufbauen und erst dann das Glas wieder abstellen. Dabei sollten Sie noch etwas sagen. „Zum Wohl" ist das Kürzeste und Üblichste. „Auf einen schönen Abend" oder etwas Ähnliches passt natürlich ebenso gut.

Wenn Sie gemeinsam in einen Biergarten oder auf das Oktoberfest gehen, hören Sie überall den fröhlichen Wunsch „Prost". Das passt dort wunderbar hin. Zu einem romantischen Abend mit einem Glas Wein, Sekt oder Champagner jedoch nicht.

Mit Loriot'schen Szenen umgehen

Kennen Sie die Geschichte von Loriot, bei der eine Nudel, die sich hartnäckig im Gesicht des Gesprächspartners hält, die Hauptrolle spielt? Seien Sie in einem vergleichbaren Fall gnädig. Sagen Sie es dem anderen kurz und schmerzlos, wenn Essensreste welcher Art bei ihm zu sehen sind. Selbst wenn es peinlich ist und Ihr Flirtpartner gerade etwas sehr Romantisches gesagt hat. Überlegen Sie einfach, wie es Ihnen in dieser Situation gehen würde. Nach einer romantischen Flirtsituation suchen Sie kurz die Waschräume auf, lächeln sich verzückt im Spiegel an … und entdecken ein

Petersilienblatt zwischen den Frontzähnen. Das ist Ihnen sicherlich viel peinlicher, als wenn Ihr Gegenüber Sie darauf aufmerksam gemacht hätte. „Sie haben da etwas" sollte als Kommentar reichen. Schauen Sie dann weg, während Ihr Gegenüber die Spuren beseitigt, und sprechen danach über etwas anderes.

Sehen Sie es als interessante Information über den anderen. Schließlich ist es immer relativ einfach, sich stilvoll zu verhalten, wenn alles glatt geht. Wie reagiert jemand bei so einer Kleinigkeit? Verliert er gleich die Fassung und seine ganze Selbstsicherheit?

Steht ein Herr auf, wenn die Dame sich erhebt?

Bei den über Dreißigjährigen sind es immerhin mehr als 80 Prozent, die es für wünschenswert halten, wenn ein Herr zumindest bei der Begrüßung aufsteht; bei den über Fünfzigjährigen sind es sogar mehr als 90 Prozent. Es gibt also keine großen Unterschiede zwischen den Generationen. Anders sieht es mit der Frage aus, ob sich der Mann bei Tisch erheben soll, wenn es die Frau tut, und ob er ihr dabei noch den Stuhl rückt. Bei den unter Dreißigjährigen findet das nur ein Drittel angemessen, pro Jahrzehnt Lebensalter steigt der Anteil um rund zehn Prozent. Doch insgesamt gesehen findet das jeder zweite Deutsche schön.

Ein aufmerksamer Tischherr erhebt sich also nicht nur, sondern rückt seiner Tischdame auch den Stuhl zurecht – nicht nur dann, wenn beide gemeinsam zum Tisch gehen, sondern jedes Mal, wenn die Tischdame den Platz verlässt oder wenn sie zurückkommt.

Lippenstift und Handtasche bei Tisch?

Frauen tragen Lippenstift, um einen schönen Mund besonders zu betonen. Eine stilvolle Esserin vermeidet farbige Ränder an ihrem Wein- oder Wasserglas, indem sie – wie ein Mann oder eine Frau ohne Lippenstift – sich den Mund vor jedem Schluck mit der Serviette abtupft.

Selbst wenn der Lippenstift die Serviette und nicht das Glas färbt – auf jeden Fall sitzt er am Ende des Abends nicht mehr so perfekt auf den Lippen wie zu Beginn. Leider glauben einige Frauen, die Art und Weise des erneuten Auftragens entscheide darüber, ob es bei Tisch stilvoll ist oder nicht. Doch wie dezent sie es auch machen, am Tisch Lippenstift aufzutragen ist niemals stilvoll! Eine kosmetische Korrektur hat am Esstisch nichts zu suchen – deshalb heißt er auch Esstisch und nicht Schminktisch.

Möchten Sie Ihre Lippen nachziehen oder zumindest kontrollieren, entschuldigen Sie sich kurz bei Ihrer Verabredung und suchen die Waschräume auf. Eine Dame von Welt sagt dabei nicht: „Ich gehe mir mal eben die Nase pudern", sondern belässt es bei „Du entschuldigst mich bitte kurz" oder: „Ich bin gleich wieder zurück". Wie erotisch ein schöner und ein geschminkter Mund auch sein mag – es gehört sich nicht, die Lippen nach dem Essen bei Tisch nachzuziehen.

Frauen mit Stil legen weder ihre Handtasche noch ihre Sonnenbrille auf den Tisch. Auch wenn die Tasche ein Lieblingsstück von einem bekannten Designer ist und man sie so selten ausführen kann. Frauen mit Stil wissen, wie schön ein Tisch wirkt, wenn allein seine Dekoration und das Essen die

Aufmerksamkeit auf sich ziehen. Eine größere Handtasche wird auf den Boden, einen Taschenhocker oder auf einen freien Stuhl gestellt. Eine kleine Abendtasche darf zwischen Rücken und Stuhllehne oder unter die Serviette auf den Schoß.

Wer bezahlt?

Diese Frage beschäftigt viele Männer und Frauen. Bei diesem Thema gibt es viele Missverständnisse, unterschiedliche Erwartungen und Ansprüche. Einige Frauen empören sich, wenn ihre Verabredung sie nicht beim ersten Treffen wie selbstverständlich einlädt. Andere wiederum sind entsetzt, dass der Mann genau das tut, und giften ihn an: „Sehe ich so aus, als ob ich meinen Kaffee nicht selber bezahlen könnte?" Manche Männer wiederum fühlen sich schlichtweg missbraucht, weil sie den Eindruck haben, manche Frauen verabredeten sich nur, um sich in die besten Restaurants der Stadt ausführen zu lassen. Andere sind frustriert, weil sie die Dame gern ein wenig verwöhnen würden, indem sie ihr den Mantel abnehmen oder die Rechnung bezahlen, und ihnen stets unterstellt wird, sie wollten ihre Begleitung bevormunden und seien auf der Suche nach einer Hausfrau, die ihnen billig die Arbeit mache. Sie würden wohl ein Rollenverständnis wie in den Fünfzigerjahren bevorzugen.

Parship hat dazu im Jahr 2009 eine Online-Befragung unter den Mitgliedern durchgeführt. Demnach zieht etwas mehr als ein Drittel bei der ersten Verabredung getrennte Kasse vor, ein knappes Drittel spricht sich dafür aus, dass der Mann bezahlt. Nur wenige klären das vorher (16,7 Prozent) und noch weniger (14,9 Prozent) gehen davon aus, dass derjenige bezahlt, der das Restaurant ausgesucht oder das Treffen vorgeschlagen hat.

Bei einem Treffen zweier Freunde oder Geschäftspartner ist es üblich, dass derjenige, der das Restaurant auswählt, einlädt und bezahlt. Bei einem klassischen Date sieht das anders aus. Vielleicht schreibt ein Mann einer Frau nach einigen E-Mails: „Ich möchte Sie gerne kennenlernen. Was halten Sie davon, uns zu treffen?" Die Dame antwortet positiv und der Mann fragt: „Was möchten Sie gerne unternehmen?" Die Frau schlägt ein gemeinsames Essen vor – und wählt zudem, um auf Nummer sicher zu gehen, ein Lokal aus, das sie kennt. Jetzt darf man nicht davon ausgehen, dass die Frau bezahlt, nur weil sie das Restaurant ausgesucht hat.

Bei einem ersten Kennenlernen zahlt nicht unbedingt der, der das Restaurant auswählt.

Betrachtet man eine andere Untersuchung von ElitePartner, gibt es noch eine andere Tendenz: Hier geben 40 Prozent der befragten Singlefrauen an, sich nicht einladen zu lassen, sondern am Ende der Verabredung lieber selbst zu bezahlen, wenn sie merken, dass sie kein Interesse an einem zweiten Treffen haben.

Nicht nur stillos, sondern einfach peinlich ist ein genaues Ausrechnen, wer wie viel zu bezahlen hat, wenn die Rechnung kommt. Entweder teilt man ganz grob oder einer von beiden bezahlt. Die meisten Frauen ziehen ihre Schlüsse daraus, wenn ein Mann nach einer ersten Verabredung für eine Tasse Kaffee auf getrenntem Bezahlen besteht. Zu Recht!

Stilvoll bezahlen und Trinkgeld geben

Wer auch immer für den gemeinsamen Abend bezahlt – nichts entlarvt die Persönlichkeit desjenigen so wie die Art, die Rechnung zu begleichen. Das Bezahlen markiert nicht nur das Ende – zumindest eines Abschnitts – des Abends, es ist ein weites Feld für Fettnäpfchen aller Art. Es bietet ein perfektes Psychogramm des Einladenden.

Generell gilt: Die stilvollste Variante ist, gar nicht am Tisch zu bezahlen, sondern sich kurz beim Gesprächspartner zu entschuldigen, aufzustehen, um die Rechnung zu bitten und diese zu bezahlen, ohne sie gründlich zu prüfen. Es muss (noch) niemand wissen, welche Kreditkarten Sie im Portemonnaie haben.

Trinkgeld ist in Deutschland eine freiwillige Leistung, die sich nach der Gesamthöhe des Rechnungsbetrags und der Zufriedenheit mit Ambiente, Küche und Service richtet. Meistens werden zwischen fünf und zehn Prozent gezahlt. Trinkgeld zu geben ist so normal, dass es automatisch als Kritik an der Leistung des Service verstanden wird, wenn es ausbleibt.

Bezahlen Sie mit Kreditkarte, legen Sie Ihr Trinkgeld in den Umschlag oder das Kästchen, in dem Sie den Beleg und Ihre Karte zurückbekommen. Für die Beschäftigten im Restaurant ist es am besten, Trinkgeld bar zu erhalten. Bezahlen Sie bar, sagen Sie nie: „Machen Sie glatt Hundert" (vor allem nicht, wenn Sie am Tisch sitzen). Ihr Gast hört ja sonst die Gesamtsumme. Und das sollte nicht

Ein zu hohes Trinkgeld kann schnell peinlich sein.

sein. Sie wollen doch jemanden verwöhnen und ihm oder ihr etwas Gutes tun. Außerdem hat es immer etwas Entwürdigendes gegenüber den Beschäftigten im Restaurant. Stattdessen können Sie zwischen zwei Möglichkeiten wählen: Nennen Sie entweder die Summe, die Sie zurückhaben möchten („Geben Sie mir bitte 20 Euro zurück") oder lassen Sie sich das gesamte Wechselgeld zurückbringen und legen Sie Ihr Trinkgeld dann diskret in die dafür vorgesehene Schatulle.

Eine Vielzahl von Männern gibt gerade in der Flirtphase bei den ersten Verabredungen ein deutlich überhöhtes Trinkgeld. Nur wenige Frauen beeindruckt das, die meisten finden es peinlich und abstoßend. Das Manöver ist gar zu durchsichtig.

Stilvoll reklamieren

Dass Verliebte die Suppe versalzen, ist eine Volksweisheit – bewiesen ist es bis heute nicht. Allerdings werden im Rausch der Gefühle salzig und sauer deutlicher wahrgenommen. Wenn Ihr Essen also versalzen schmeckt, überlegen Sie zuerst, ob daran wirklich der Koch schuld ist oder ob Ihre Geschmacksnerven gerade ein wenig verrückt spielen.

Reklamieren, also ein Gericht beanstanden und um Ersatz, Rücknahme oder Ausgleich bitten, dürfen Sie nur dann, wenn Ihr Gericht nicht oder kaum genießbar ist. Solche Mängel können neben dem „zu salzig" zum Beispiel sein:

- verkocht,
- halb gar,
- kalt,

Ins Restaurant gehen | | | 199

- verdorben,
- unappetitliche Dinge in der Speise,
- Zubereitung anders als bestellt,
- Beilagen anders als bestellt.

Es sind also objektiv feststellbare Mängel in der Qualität. Geschmack dagegen ist etwas sehr Subjektives. Nur weil es Ihnen nicht schmeckt, muss das Essen nicht schlecht sein und kann deshalb auch nicht reklamiert werden.

Schmeckt Ihnen das bestellte Gericht nicht, haben Sie einfach Pech. Zeigen Sie dann gute Miene zum bösen Spiel. Sagen Sie ruhig, dass es nicht ganz Ihr Fall ist, essen Sie ein wenig, aber machen Sie kein Aufhebens darum. Sie möchten doch nicht den ganzen Abend verderben, nur weil das Essen nicht optimal ist? Das Verhalten in der Flirtphase hat ja etwas sehr Entlarvendes. Wer schon in der Anfangszeit einer neuen Bekanntschaft einen Abend mit Gemecker über das Essen verdirbt, wer kleine Enttäuschungen nicht sportlich sehen und Kritik in angemessenem Ton äußern kann, der lässt nichts Gutes für die Bewältigung von Alltagsproblemen ahnen.

Also: Ist das Essen wirklich qualitativ zu beanstanden, so sagen Sie das dem Service sofort, nicht erst am Ende des Abends. Vor allem Männer neigen in solchen Momenten dazu, die geballte Ladung Ihres Durchsetzungsvermögens zu zeigen. Sie schnauzen den Service an, zitieren den Koch an den Tisch, sprechen laut Drohungen aus. Damen mit Stil imponiert das genauso wenig wie Pseudo-Fachsimpeln über Wein und unangemessenes Trinkgeld.

Wer auch immer etwas zu reklamieren hat, der sollte auch dies mit Wertschätzung tun. Zum Beispiel so:

- „Ich glaube, der Fisch ist nicht ganz durch."
- „Können Sie mir bitte ein neues Risotto bringen? Dieses ist leider sehr versalzen, ich kann es nicht essen."
- „Verzeihung, können Sie bitte das Fleisch noch einmal überprüfen lassen? Es ist ganz knorpelig. Ich weiß nicht, ob das so sein sollte."

Blumen und Geschenke beim Flirten

Wie Komplimente und Einladungen gehören Blumen und Geschenke zum Flirten, Umwerben und Kennenlernen. Generell gilt: Blumen kann man unter Flirtenden und Sich-Liebenden nicht oft genug verschenken. Am besten nur einfach so, ohne Grund. Glücklicherweise gibt es hierfür viele Möglichkeiten: Sie können sie über das Internet bestellen und verschicken, den Blumenhändler mit der Auslieferung beauftragen oder sie selbst mitbringen. In diesem Fall sollten Sie jedoch immer darauf achten, ob der Moment günstig ist. Wenn Sie sich zum Essen verabreden und anschließend ins Kino wollen, ist ein Riesenstrauß eher eine Last als Freude. Bringen Sie – wenn Sie mögen – lieber eine einzelne Blume mit und/oder schicken Sie den Strauß später. Eine kluge Frau erkennt sehr schnell, ob der Mann ein Blender ist, der mit klassischen Gesten Eindruck zu schinden versucht, oder jemand, der wirklich mitdenkt und dessen Aufmerksamkeit echt ist.

Wer essen geht, dann ins Kino und hinterher noch tanzen und wer dann mit dem Rad nach Hause fährt, freut sich vermutlich nicht wirklich über einen riesigen Blumenstrauß. Und der ist am nächsten Tag wohl auch nicht mehr sehr ansehnlich.

Eine Papierverpackung für Schnittblumen sollten Sie immer entfernen, bevor Sie den Strauß überreichen. Der Beschenkte soll sich schon im ersten Moment beim Anblick der Blumen daran erfreuen. Deshalb wird der Strauß auch so gereicht, dass die Blüten nach oben zeigen. Die inzwischen selteneren Zellophanhüllen dürfen intakt am Strauß bleiben, wenn Sie ihn der Dame überreichen.

Bedeutungen von Blumen

„Lasst Blumen sprechen" oder „etwas durch die Blume sagen" oder sich „blumig ausdrücken" – diese geflügelten Worte geben einen Hinweis auf die ursprüngliche Bedeutung der Blumensprache. Da sich Werbende und Liebende

Fast so alt wie die Liebe selbst: Blumen werden unter Verliebten ebenso gerne wie häufig verschenkt.

Bedeutungen von Blumen

früher – anders als heute – nicht so deutlich ausdrücken und treffen konnten, wurde vieles durch die Blume oder andere Symbole mitgeteilt.

Das System war komplex, fast eine eigene Sprache. Nicht nur durch die gewählte Blume wurde etwas zum Ausdruck gebracht, sondern auch durch die verschiedenen Blütenkombinationen. Selbst die Schleifenbindung hatte eine Bedeutung. Man musste sich schon auskennen: Waren zum Beispiel die Blüten nach unten gerichtet, kehrte sich ihre Aussage um.

Allein die verschiedenen Rosenarten hatten Bedeutungsunterschiede, wenn sich auch alle Bedeutungen rund um das Thema „Liebe" rankten:

||| Bedeutungen der Rosenarten

- ■ *Rosa canina:* schlichte Liebe
- ■ *Rosa carolina:* Liebe ist gefährlich
- ■ *Rosa centifolia:* Stolz
- ■ *Rosa chinensis:* Grazie
- ■ *Rosa chinensis (weiß):* Zustimmung
- ■ *Rosa damascena:* Schönheit
- ■ *Rosa foetida:* alles an dir ist bezaubernd
- ■ *Rosa gallica ‚officinalis':* mein Herz steht in Flammen
- ■ *Rosa moschata:* launenhafte Liebe
- ■ *Rosa multiflora:* würdevolle Liebe
- ■ *Rosa mundi:* Vielfalt
- ■ *Rosa muscosa (Knospe):* Liebesgeständnis
- ■ *Rosa muscosa:* überschwängliche Liebe
- ■ *Teerose:* Beständigkeit

Blumen und Geschenke beim Flirten

Auch die Farbe einer Blume änderte die Bedeutung:

- **Rosa:** Schüchternheit, du sollst dir Zeit lassen
- **Rot:** Du hast mein Herz gewonnen.
- **Gelb:** Eifersucht, Untreue, abnehmende Liebe
- **Weiß:** Reinheit und platonische Liebe
- **Rot und Weiß (je eine):** Krieg
- **Rot und Weiß (mehrere):** Einigkeit, Herzenswärme

Schaut man sich alte Ratgeber für Verliebte und Liebende an, findet man unter den Blumensorten allein beim Buchstaben A schon mehr als ein Dutzend verschiedene Blumen, die eine Bedeutung übermittelten:

- **Ackermenning** – Ich bin dir dankbar.
- **Adonisröschen** – Ich habe eine schmerzliche Erinnerung.
- **Ahorn** – Ich übe Zurückhaltung.
- **Akazie** – Liebe (keusche)
- **Akazie, gelb** – Du bist meine heimliche Liebe.
- **Akazie, rosa** – Glückseligkeit
- **Akelei (Aquilegia)** – Ich halte dich für einen Schwächling.
- **Angelika (Angelica)** – Es braucht ja niemand zu wissen, wenn wir uns küssen.
- **Alpenrose (Rhododendron)** – Wann sehen wir uns endlich wieder?
- **Alpenveilchen (Cyclamen)** – Sie sind mir gleichgültig.
- **Anemone** – Ich fühle mich verlassen.
- **Apfelblüte** – Ich möchte dir den Vorrang geben.
- **Aster** – Von deiner Treue bin ich nicht überzeugt.
- **Aurikel** *(Primula auricula)* – Belästige mich nicht!

Bedeutungen von Blumen | | | 205

Versuchen Sie sich aber bloß nicht in diesen Botschaften – es sei denn, Sie beide haben Spaß an solchen Rätselspielen oder Sie legen eine Gebrauchsanweisung beziehungsweise ein Lexikon zur Übersetzung bei.

Heute noch versteht jeder die Symbolik von Vergissmeinnicht und Rosen. Rote Rosen stehen immer noch für innige, große, immerwährende Liebe. Darum gilt es auch nicht als stilvoll, bei einer ersten Verabredung mit roten Rosen zu erscheinen. Stil ist, mit Symbolen zu spielen – auch wenn sie heute nicht mehr so ausdifferenziert sind. Mit anderen Worten: Steigern Sie sich von einzelnen Blumen und kleinen Sträußchen hin zu großen Sträußen, von normalen Blumen bis hin zu Rosen, von andersfarbigen Rosen hin zu roten Rosen – auch wenn laut einer Studie des Instituts für Demoskopie Allensbach von 1999 43 Prozent aller Befragten die Rose als Lieblingsblume angeben, gefolgt von der Sonnenblume mit kärglichen 7 Prozent. Lilien, Nelken und Chrysanthemen sind für viele nach wie vor Totenblumen, die an Friedhöfe erinnern.

Auch bei der Farbe von anderen Blumen als Rosen gibt es im 21. Jahrhundert nur noch wenige Fettnäpfe. Sie sollten nur eines beherzigen: Viele Menschen verbinden weiße Blumen sehr stark mit Friedhof, dem Tod und Beerdigungen, für andere gehören weiße Sträuße ausschließlich zu einer Hochzeit.

Auch eine gerade oder ungerade Anzahl von Blüten ist heute üblich, nur 13 vermeidet man. Manche exotische und langstielige Blumen wirken edler und eleganter, wenn zwei davon gebunden werden (anstatt drei Stück, nur damit es eine ungerade Zahl ist). Bei kleineren Sträußen mit nur einer Blumensorte sieht es allerdings meist besser aus, eine ungerade Zahl zu wählen. Trotzdem dürfen Sie mit gutem Gewissen dem (Flirt-)Partner oder der Partnerin nach zwei Monaten traumhafter Zeit einen Strauß mit zwei roten Rosen schenken. Bei größeren Sträußen fällt es ohnehin nicht auf, wie viele einzelne Blumen zusammenkommen – schließlich zählt das niemand. Man sieht nur noch „einen dicken Strauß".

Männern Blumen schenken?

In der Phase des Umwerbens ist es immer noch eher der Mann, der Blumen kauft und verschenkt. Die meisten Männer sind eher irritiert, wenn sie Blumen bekommen und selbst noch keine verschenkt haben. Lassen Sie sich also als Frau zuerst mit Blumen verwöhnen.

Wenn sie tatsächlich ein Paar geworden sind und Sie wissen, dass der Mann Ihres Herzens viel Freude an Blumen hat, dann können Sie ihm an Jahrestagen oder einfach so einen Strauß kaufen.

Anders verhält es sich, wenn Sie zum Beispiel in der Kennenlernphase in das Haus des Mannes eingeladen werden – alleine, oder weil er eine Party gibt. Sie würden in diesem Fall ja auch anderen Gastgebern eine Kleinigkeit als wertschätzende Geste für die Einladung mitbringen. Warum also nicht auch ihm?

Geeignete Geschenke für den Flirtpartner

Achten Sie auf kleine Bemerkungen und versuchen Sie, den Geschmack des anderen herauszufinden. Verschenken Sie nur das, was Sie wirklich gern verschenken und freudigen Herzens weggeben. Überlegen Sie bei teuren Geschenken gut, ob Sie das wirklich wollen, auch angesichts der Möglichkeit, dass die Beziehung übermorgen vorbei sein könnte. Die Manschettenknöpfe Ihres Großvaters oder eine Halskette, die seit Generationen in der Familie ist, sind in der Flirtphase keine gute Wahl.

Generell gilt: Es ist die Geste, die zählt, die Aufmerksamkeit dem anderen gegenüber, nicht der Preis. Die meisten Menschen freuen sich sehr über häufigere, kleine Aufmerksamkeiten, die zeigen, dass jemand an sie gedacht hat. Sie finden gerade bei neu entstehenden Kontakten zu teure Geschenke als unpassend, da zu verpflichtend. Eine Kleinigkeit, die Ihnen per Zufall begegnet, Bücher, DVDs und CDs sind nie falsch, auch wenn sie vielleicht nicht besonders originell sind. Sehr persönliche Geschenke, wie ein Duft oder ein Schmuckstück, sind in einer Flirtphase zu viel und machen die meisten Beschenkten eher misstrauisch. Je weniger Sie sich kennen, desto mehr kommt es darauf an, ein wenig einfallsreich zu sein und eine Geste der Aufmerksamkeit zu zeigen. Schließlich zeigen diese kleinen Geschenke, wie gut jemand zugehört hat und ob sich jemand Ihre Vorlieben gemerkt hat. Kurz: ob es eine routinierte Geste oder eine individuelle Aufmerksamkeit ist.

Gerade bei Geschenken für Flirtpartner gilt: Die Geste zählt und nicht der Preis.

Nach Geschenkwünschen fragen

Nun, ein Geschenk soll den Beschenkten erfreuen und den Schenkenden nicht quälen. Lernen Sie sich gerade kennen und der Geburtstag des anderen steht an, können Sie nicht schon alles über den anderen wissen und automatisch den richtigen Griff tun. Dennoch gibt es offenbar eine weit verbreitete Scheu, einfach nachzufragen, was den anderen freuen würde. Wer fragt, ist weder faul noch unkreativ oder gar unhöflich: Er will es einfach nur richtig machen und sicher sein, dass sein Geschenk Freude macht.

Eine präzise Wunschliste herunterzurattern wäre natürlich eine stillose Antwort. Aber dem Mann oder der Frau Ihres Herzens einen Wink geben, das sollten Sie schon: „Ich möchte so gerne Obst auf dem Balkon anpflanzen. Vielleicht gibt es dazu gute Bücher oder etwas anderes." So bleibt es eine Überraschung, doch die Richtung ist klar.

Kein Geschenk erwünscht

Wenn Ihnen Ihr Flirtpartner ausdrücklich sagt, dass er kein Geschenk zu seinem Jubeltag haben möchte, sollten Sie das unbedingt ernst nehmen. Wer gerade dabei ist, jemanden näher kennenzulernen und sich vielleicht sogar zu verlieben, der tut gut daran, die Wünsche seines Gegenübers zu respektieren. Sonst fragt der andere sich leicht: „Was wird mein derzeitiger Flirt erst in 20 Jahren machen, wenn er schon jetzt, in dieser sensiblen und mit Gefühlen aufgeladenen Anfangssituation, meine Wünsche und Bitten ignoriert?"

Viele schreiben heute auf eine Geburtstagseinladung, sie wünschten keine Geschenke. Aber nicht jeder Gast hält sich

Geeignete Geschenke für den Flirtpartner

daran. So manch einer grübelt umso intensiver, welche Kleinigkeit er denn mitbringen solle, wenn kein „richtiges Geschenk" gefragt sei. Am Geburtstag stehen dann einige Gäste wie gewünscht ohne Präsent da. Andere haben den Wunsch ignoriert und erscheinen mit großen Paketen, wieder andere halten zumindest eine symbolische Kleinigkeit in Händen.

So sind alle verwirrt und fragen sich, ob sie etwas falsch gemacht haben und wie sie sich das nächste Mal verhalten sollen.

Vielleicht denken Sie nun, dass die Situation für Sie ja doch anders ist. Sie sind schließlich nicht irgendein Gast, sondern möglicherweise ja bald der neue Partner. Das mag stimmen. Dennoch gibt es drei Dinge zu bedenken:

1. Werden Sie wirklich ein Paar, dann gibt es noch viele Geburtstage, an denen Sie Ihrem Liebsten etwas schenken können. Jetzt hieß es für alle: „Bitte, keine Geschenke."

2. Sagen Sie doch einfach: „Das finde ich schade. Ich hatte vor deiner Einladung, als ich aber schon von deinem Geburtstag wusste, etwas für dich besorgt." Sicher findet sich eine gute Gelegenheit, es dem anderen zu geben – ohne dass die anderen Gäste das mitbekommen.

3. Schenken Sie es nicht zum Jubeltag, sondern wenn Sie alleine sind. Sagen Sie mit ein wenig Augenzwinkern: „Ich weiß, du wolltest keine Geschenke. Dein Geburtstag war ja auch gestern." Oder: „Ich weiß, du wolltest keine Geschenke. Leider hatte ich es da schon gekauft. Du kannst dir ja überlegen, ob du es aufmachen willst. Sonst nehme ich es eben wieder mit."

Geschenke stilvoll annehmen

Packen Sie ein Geschenk gleich aus! Der andere will sehen, wie Sie sich freuen. Gefällt Ihnen das Geschenk nicht, dann sollten Sie die Geste an sich honorieren und dem anderen zeigen, dass er sich Mühe gegeben hat. Dass Sie zwar gerne lesen, der neueste Thriller aber nicht so nach Ihrem Geschmack ist, darf ruhig ein wenig später kommen.

Natürlich sollten Sie weder bei kleinen Überraschungen noch bei Blumen Peinlichkeiten wie „Das wäre doch nicht nötig gewesen" äußern, außer Sie spielen beide gerne mit Sprache und Klischees. Wenn Sie sich über die Blumen freuen, weil Sie das in Ihrer zwölfjährigen Ehe immer vermisst haben, ist jetzt nicht der richtige Moment, das ausführlich zu erläutern. Strahlen Sie, sagen Sie „Danke", gern auch „Eine gelungene Überraschung" oder „Ich freue mich sehr".

Zum Schluss

Mit Stil einen Flirt töten

Eine gute Allgemeinbildung, Wissen, Intelligenz, gute Umgangsformen und ein stilsicheres Auftreten bewahren Sie nicht davor, einen Flirt genau damit gnadenlos zu töten. Frauen scheinen weniger empfindlich. Sie tendieren im Allgemeinen eher dazu, das Verhalten des umschwärmten Mannes zu erklären und zu entschuldigen – selbst wenn es stillos ist. Anders sieht es bei Männern aus. Wer beim gemeinsamen Lesen einer Einladungskarte und dem Nachdenken über die richtige Kleidung beim Dresscode „Black Tie" zu ihm sagt: „Wieso schwarze Krawatte? Das bedeutet, dass du einen Smoking tragen sollst", der wird eine tiefe Wunde ins Herz des Mannes schlagen, die er vermutlich nicht verzeiht. Seine Mutter durfte ihm etwas zur Kleidung sagen, eine Partnerin nie.

Wer auf den Satz „Ach weißt du, ich werde ihm ein Angebot machen, das er nicht ablehnen kann – wie bei James Bond" entgegnet: „Das stammt aber aus dem ‚Paten'", riskiert, bald wieder Single zu sein.

Wer beim Verlassen des Restaurants neben dem Mann des Herzens warten möchte, bis dieser seinen Mantel angezogen hat und auf seinen Satz: „Natürlich die Dame zuerst" verwirrt guckt, der hat ihn soeben seiner Männlichkeit beraubt.

Entscheiden Sie weise, ob Sie mit den Stilbrüchen und Peinlichkeiten den Rest Ihres Lebens verbringen können oder lieber nicht. Wenn Sie glauben, der Partner habe so viel Herz, dass Sie auf ein wenig Stil verzichten können, dann lassen Sie ihn das nicht spüren – auch das hat Stil und Herz.

Frosch bleibt Frosch?

„Wer suchet, der findet", sagt ein Sprichwort. Doch die Phase des Suchens kann lange, mühselig und frustrierend sein. Es ist auch schwierig, mit den Enttäuschungen und den Phasen der Einsamkeit umzugehen – besonders, wenn im Freundeskreis nur glückliche Paare, frisch Verliebte oder harmonische Familien zu finden sind. So manch einer will die Phase des Suchens nach drei schrecklichen Blind Dates am liebsten bereits wieder beenden. Zu quälend waren die Verabredungen, zu peinlich das „Äh, nein. Ich glaube, wir passen doch nicht zusammen".

||| **Vergessen Sie nicht:**
Humor und die Fähigkeit, über sich selbst zu lachen, gehören auf jeden Fall nicht nur generell zu sozialer Kompetenz: Sie sind auch das, was einen Menschen einfach unwiderstehlich macht.

Es wird Sie vielleicht nicht freuen, das zu hören, vor allem, wenn Sie gerade selbst in dieser Phase sind. Doch was wirklich hilft, sind drei Dinge:

1. Überfrachten Sie Ihre Verabredungen und Kontakte nicht mit Ihren Erwartungen. „Der ist es bestimmt" oder „Diesmal ist alles anders" sind Sätze, die ein Scheitern geradezu

bedingen. Natürlich sollen Sie es ernst nehmen, aber nicht das Projekt Ihres Lebens daraus machen. Sonst bricht das ganze Gebäude sehr schnell zusammen.

2. Suchen Sie sich Kontakte und Netzwerke, die auch aus Singles bestehen, mit denen Sie dann leichter und fröhlicher die Zeiten überbrücken können, die für Sie vielleicht sonst schwierig waren, etwa ein Sonntagvormittag, Feiertage oder Urlaube.

3. Beschäftigen Sie sich mit vielen interessanten Dingen. Fangen Sie an, etwas zu lernen oder zu erforschen, was Sie schon immer wissen oder machen wollten: Besuchen Sie einen Sprachkurs, gehen Sie zu Kunstauktionen, absolvieren Sie ein Sicherheits-Fahrtraining. Was auch immer: Füllen Sie Ihre Zeit, machen Sie Termine, gestatten Sie sich selbst, sich weiterzuentwickeln.

Wer mehrfach enttäuscht wurde, neigt oft dazu, in seinem Denken und Fühlen in bestimmte Muster zu fallen:

- Übertriebene Verallgemeinerungen. Sie denken nach einem Korb: „Keiner will mich!"
- Aufbauschen. Hier wird ein Fehler oder eine unglückliche Situation in einen Zusammenhang gebracht, der in einer Katastrophe endet: „Ich bin schon 39, geschieden, habe jetzt sieben gescheiterte Verabredungen. Bald werde ich 40, dann bin ich alt; wenn ich alt und geschieden bin und Single, dann will mich niemand mehr. Auch meinen Freunden werde ich zur Last fallen. Ich werde immer isolierter und sterbe einsam."

Was kann man dagegen tun? Auf jeden Fall können nur Sie selbst etwas gegen diese Spirale tun.

Wenn Sie sich bei übertriebenen Verallgemeinerungen ertappen,

- vermeiden Sie in Ihren Gedanken Wörter wie *alle, immer, keiner, nie, jeder*. Ersetzen Sie diese entweder durch konkrete Angaben oder zumindest durch *manchmal, einige, hin und wieder, oft*.
- prüfen Sie ganz genau und ganz logisch, was Sie sich da an Schlussfolgerung haben einfallen lassen: Wo sind die Argumente?
- achten Sie darauf, ob Sie mit diesen Gedanken eine Art Selffulfilling Prophecy erzeugen. Wer denkt, niemand habe ihn je geliebt und er werde nie wieder geliebt, hat gute Chancen, dass es genau so kommt.

Wenn Sie zum Aufbauschen neigen:

- Fragen Sie sich zunächst einmal ganz kritisch: „Wie hoch ist die Chance, dass genau diese Katastrophe eintritt? 90 Prozent? 10 Prozent? Angenommen, es gäbe nur eine klitzekleine Chance, diese schreckliche Situation zu vermeiden: Was könnte das sein?"

Ich weiß nicht, ob es Sie tröstet, doch einige Wissenschaftler beschäftigen sich mit der „Biologie der Zurückweisung" – also mit dem, was in uns vorgeht, wenn wir Liebeskummer haben. Sie haben herausgefunden, dass bei Menschen in allen Kulturen zunächst eine Phase des Protestes, also des Nicht-akzeptieren-Könnens gibt, die meist in einen Versuch der Rückgewinnung mündet. Dann folgt Wut, die oft geradezu Hass ist und in Resignation und Trauer endet. Es scheint wichtig zu sein, dass wir alle Phasen in ihrer Schmerzlichkeit durchlaufen. Erst dann können wir komplett damit abschließen. Nach Meinung all der Anthropologen, Psychologen und Neurowissenschaftler ist das ein evolutionäres Erbe, das wir da mit uns herumschleppen.

||| Tipp:

Manchmal ist es gut, einfach eine Pause vom Flirten, den Verabredungen und der Suche einzulegen. Nicht, um es generell aufzugeben, sondern einfach eine Pause, in der Sie sich ganz intensiv mit anderen Dingen beschäftigen. Menschen verkrampfen sonst zu sehr – ein schlechtes Rezept für alle Vorhaben im Leben.

Und was nun?

Greifen Sie irgendeinen Tipp aus diesem Buch heraus und setzen Sie ihn um. Es ist egal, welchen, Hauptsache, er spricht Sie an und erscheint leicht umsetzbar. Sicher wird nicht alles zu Ihnen passen. Doch wenn Sie jetzt nichts tun und das Buch ins Regal stellen, verringern sich die Chancen, dass Sie wirklich aktiv werden.

Betrachten Sie dieses Buch wie ein Büffet: Sie können und mögen sicher nicht alles davon, doch wenn Sie es in Ruhe betrachten, gibt es sicherlich eine Reihe von Happen, die auch nach Ihrem Geschmack sind. Suchen Sie es sich einfach aus – wenn es geschmeckt hat, dann schauen Sie ruhig noch einmal, ob nicht noch mehr dabei ist. Verlassen Sie Ihre gewohnte Komfortzone und machen Sie sich auf, anderes und Neues zu erkunden und zu erproben.

Danksagung

Viele Menschen haben mir sehr persönliche Geschichten erzählt. Für dieses Vertrauen bin ich dankbar und es hat mich tief berührt. Es ist nicht so einfach, Geschichten über gescheiterte Flirts zu erzählen, über peinliche Situationen mit dem Mann der Träume oder einen Korb, den man bekommen hat. An dieser Stelle ein ganz herzliches Dankeschön an alle, die ihre Geschichten mit mir geteilt haben.

Literatur und Links

Bücher

Asfa-Wossen, Asserate: Manieren, Frankfurt am Main, 2003

Blasberg, Derek: Classy: Exceptional Advice for the Extremely Modern Lady, 2010

Bonneau, Elisabeth: 300 Fragen zum guten Benehmen, München, 2005

Daborn-Doering, Christine: Kam, sah und siegte. Klasse ist lernbar, Zürich, 2001

Dudenverlag: Der Deutsch-Knigge, Mannheim, 2008

Ekman, Paul: Gefühle lesen, München, 2004

Finckenstein, Graf von: Protokollarischer Ratgeber. Hinweise für persönliche Anschriften und Anreden im öffentlichen Leben, Köln, 1998

Frosch, Herbert: Im Netz der Beziehungen. Soziale Kompetenz zwischen Kooperation und Konfrontation, Paderborn, 2002

Girtler, Roland: Die feinen Leute, Frankfurt am Main, 1989

Henss, Ronald: Gesicht und Persönlichkeitseindruck, Göttingen, 1998

Knigge, Adolph Freiherr: Über den Umgang mit Menschen, 1788 (neu: Frankfurt am Main, 2001)

McDermott, Ian / O'Connor, Joseph: NLP für die Management-Praxis, Junfermann-Verlag

Naumann, Frank: Schöne Menschen haben mehr vom Leben, Frankfurt am Main, 2006

Neumann, R. / Ross, A.: Der perfekte Auftritt, Hamburg, 2004

218 Literatur und Links

O'Connor, Joseph / Seymour, John: Neurolinguistisches Programmieren und persönliche Entfaltung, Kirchzarten, 2000

Pease, Allen & Barbara: Warum Männer immer Sex wollen und Frauen von der Liebe träumen, Berlin, 2009

Piras, Claudia / Roetzel, Bernhard: Die Lady, Köln, 2002

Pollmer, Udo u. a.: Liebe geht durch die Nase, Köln, 2001

Portner, Jutta: 30 Minuten für perfekten Smalltalk, Offenbach, 2000

Renz, Ulrich: Schönheit. Eine Wissenschaft für sich, Berlin, 2007

Roetzel, Bernhard: Der Gentleman. Handbuch der klassischen Herrenmode, Köln, 1999

Senftleben, Phillip von: Das Geheimnis des perfekten Flirts, Hamburg, 2008

Strauss, Neil: The Game, Edinburgh, 2005

Sucher, C. Bernd: Handbuch des guten Benehmens, Düsseldorf, 2003

Thor, Alexander: Elektronischer Knigge, Berlin, 2006

Tramitz, Christiane: Irren ist männlich, München, 1995

Veblen, Thorstein: Theorie der feinen Leute, Frankfurt am Main, 2000

Trömel-Plötz, Senta: Frauen-Sprache. Sprache der Veränderung, Frankfurt am Main, 1989

Watzlawick, Paul / Beavin, Janet / Jackson, Don: Menschliche Kommunikation, Verlag Hans Huber, 1990

Weiner, Christine / Kutschera, Gundl: Wer schön sein will, muss sich lieben, München, 2002

Zeitungsartikel

Betreff: E-Mails bitte in gutem Deutsch!, Focus 48/2009

Robert Schurz: Volkssport Online-Dating, Die Welt, 16.01.2010

Eva Gesine Baur: Leben mit Echtheitszertifikat, Madame 2/2010

Was witzige Frauen wollen, Die Welt kompakt, 05.02.2010

Die Liebe schmeckt salzig, Focus 22/2009

Flirten per Nacktfoto, Focus 17/2010

Marion Sonnenmoser: Soziale Wahrnehmung. Freund oder Feind?, Gehirn und Geist 2/2004

Katja Nele Bode: Nackte Frauen. Vom Geizen mit den Reizen, Focus 48/2009

Zwischen Kantine und Kopierer, Der Tagesspiegel, 28.09.2008

Virtueller Flirt, echter Sex, Focus 02/2010

Spruch der Woche, Focus 39/2009

Wladimir Kaminer: Kollateralschaden Mann, Focus Spezial 2010

Kürthy, Ildikó von: Hauptsache schön?, Brigitte 12/2007

Epstein, Robert: Im Netz der Eitelkeiten, Gehirn und Geist 02/2009

Was raten Sie? Umfrage, Chrismon 01/2010

Liebeskummer lohnt sich. Eva Tenzer, Psychologie heute compact 2010

Links

www.chatiquette.de
www.elitepartner.de
www.gofeminin.de
www.menshealth.de
www.parship.de
www.pickupedia.com
www.sprucheportal.de/anmachsprueche.php

Weitere Bücher der Autorin

Meyden, Nandine: Business-Etikette, Berlin, 2008.
Meyden, Nandine: Tisch-Manieren, Hannover, 2008.
Meyden, Nandine: Jedes Kind kann sich benehmen, Hannover, 2009.
Meyden, Nandine: Lexikon der Benimmirrtümer, Berlin, 2009.

Register

Abkürzungen 149, 150
Akronyme 150
Alltagskultur 21
Androstene 94
Anmache, billige 17
Ansagetext auf Anruf-
  beantworter 165
anstoßen 191
Anziehung 20, 23
Asteriske 149
Attraktivität 30
aufbauschen 213
auf Reisen flirten 109
Aufreißer 52
aufstehen bei Tisch 193
Augen 31
Augenbrauen heben 75
Aussehen 28
Äußeres 91

Bauchgefühl 25
Berührungen, zufällige 106
Blicke 70
Blickkontakt 45
Blumen 201
–, Bedeutungen von 202
–, für Männer 206
–, im Restaurant 184

Chat-Regeln 147
Chatroom 144
–, Sprache in 149

Date googeln 163
Dialekte 64
Direktheit 16
Düfte 93
durch die Haare fahren 105

Ehrlichkeit 68, 159
Ein-Wort-Kompliment 137
E-Mail
–, antworten auf 158
Emoticons 153
Entscheidung, unbewusste
  28
Enttäuschungen 212
Erhöhung des anderen 138
erster Eindruck 23, 24
erster Satz 57
erstes Date 176
–, Essen gehen 182
–, Gesprächsthemen 180
–, keine Gesprächsthemen
  181
–, Nervenkitzel 176
–, nicht sympathisch 179

–, Regeln für 177
–, Verspätungen 178
–, Vorsichtsmaßnahmen 177
Erwachsenen-Abenteuer-Spielplätze 122
Extrovertiertheit 34

Facebook 162
Feedback 48
Flirt beenden 175
Flirten im Job 127
Flirt töten 211
Freundeskreis 20

Gästekarte 190
gebundener Partner 58
gemeinsam Restaurant betreten 185
Geschenke 201
–, für Flirtpartner 207
–, stilvoll annehmen 210
–, unerwünscht 208
–, Wünsche erfragen 208
Gesicht 32
Gesprächsaufhänger 63
Grundregeln Flirten im Job 129
Grundregeln fürs Tanzen 120
guter Zuhörer 38

Hair Flip 101
Hände 31
Handgelenksschwung 101
Handtasche 194
Hemmungen 42
Hobbys 21

im Auto flirten 109
Interesse 12
Internet 143
Internet-Flirt-Regeln 145
Internet-Tipps 17
irrationale Faktoren 29

jammern 173

Kavaliersgesten 188
Kennenlernen
–, an ungewöhnlichen Orten 123
–, bei der Fortbildung 113
–, bei kulturellen Veranstaltungen 112
–, beim Einkaufen 110
–, beim Essen 121
–, beim Sport 115
–, beim Tanzen 117
–, durch Engagement 116
Kindchenschema 32
Kleidung 29, 91
Kommentare 55

Register 223

Kompliment
–, reagieren auf 141
–, Wirkung von 134
Komplimente 132
–, Bauanleitungen 136
Komplimentemachen 134
Komplimente von Frauen
140
Kontaktanzeigen
–, in Printmedien 160
–, virtuelle 159
Kopuline 94
Korb bekommen 170
Korb geben 166
Körpersprache 70
–, von Frauen 99
–, von Männern 103
körpersprachliche Ticks 89
kultiviert reden 63

Lächeln 94
Leetspeak 152
Liebe auf den ersten Blick
23
Limbisches System 93
Loriot'sche Szenen 192

Missverständnisse 69

nachschenken 190
Nein sagen 171

Nervosität 39
Netzwerke 21
Nickname 146

offene Fragen 55
Offenheit 68
Orte zum Kennenlernen
108

Paraphrasieren 182
paraverbale Faktoren 27
Partnerbörse 155
Partnerbörsen
–, Kommunizieren in 155
peinliche Signale 89
Pheromone 93
positive Glaubenssätze 51

Rechnung bezahlen 195
Rechnung stilvoll bezahlen
197
Rhetorische Frage 139
richtiges Restaurant 183
Rollenverständnis 13

schminken bei Tisch
194
Schwächen 50
Schweigen 65
Selbstbewusstsein 47
Selbsterhöhung 138

Register

Selbstsicherheit 41
Selbsttest
–, Guter Unterhalter 37
–, Guter Zuhörer 38
–, Schüchternheit 44
–, Sprache der Blicke 75
Selffulfilling Prophecy 43
Sexting 154
Single-Events 123
Single-Reisen 123
Sinn des Flirtens 16
Smileys 154
soziale Netzwerke 162
Speeddating 125
Stil 36
Stil haben 17
stilvoll 15

stilvoll ansprechen 52
stilvolle E-Mails 156
stilvoll reklamieren 198
Stress 49

telefonieren mit Internet-
Flirtpartner 164
Trinkgeld 197
Türe öffnen 185

Unangenehmes sagen 173

Verallgemeinerungen 213

Wahlmöglichkeiten 16
Was-wäre-wenn-Fragen 61
Wiedersehen 68